こんなときどうする？

生徒指導

インターネット・
携帯電話・虐待・
ヤングケアラー

編集代表 **梅澤秀監**

編著 **小西悦子**

学事出版

編著者代表のことば

　生徒指導をめぐる最近10年間の状況は、例えば2013（平成25）年に「いじめ防止対策推進法」が制定され、学習指導要領は2017（平成29）年に小・中学校、2018（平成30）年に高等学校が改訂されました。2021（令和3）年には中央教育審議会の「『令和の日本型教育』の構築を目指して（答申）」が出されました。2022（令和4）年4月に「改正少年法」が、6月に「こども基本法」「こども家庭庁設置法」が成立しました。12月に改訂版『生徒指導提要』が公表され、生徒「支援」という立場が明確になりました。このように、生徒指導に関わる制度や法律が大きく変更された、激動の10年でした。

　学校を取り巻く環境ではGIGAスクール構想に伴い、児童生徒一人ひとりが端末を所有するようになりました。このことは、コロナ禍の影響を受けて推進が進み、ICT教育の必要性が益々高まりました。また、チャットGPTの出現は、教育の世界にも大きな影響を与えました。

　こうした状況の中で、学校現場で日々生徒指導に取り組み、苦労されている先生方に、最新の情報や考えるヒントをお伝えして、生徒指導に役立てていただきたいと思い【事例】【指導の振り返り】【課題解決に導く基礎知識】という構成からなる、5分冊の書籍を制作しました。

　本書で紹介した事例は、各学校で起こる可能性のあるものを選び、その指導過程にスポットを当てて、詳しい解説を付けました。成功事例だけでなく、指導課題が残る事例もありますが、解説を読んで参考にしていただければ幸いです。なお、各巻は各編著者の責任で編まれたため、構成が各巻ごとに若干異なりますことをご了承ください。

　本書の刊行にあたり、事例を提供してくださった先生方、各巻の編著者の先生方、編集・校正を担当してくださった皆様に改めてお礼申し上げます。ありがとうございました。

編著者代表　梅澤秀監

はじめに

　教員は、課題や困りごとを抱えている生徒や保護者と日々関わっています。しかし、個人情報保護のため、それを生徒全体に話すことはないので、生徒指導の実態を知る生徒は少ないはずです。

　大学の教職課程で生徒指導論を受講する学生のコメントに、「先生たちがこんなに指導で苦労しているなんて、生徒時代は知りませんでした」という意見がでてくるのもうなずけます。

　「知りませんでした」と言えば、皆さんは隣の席の同僚がどのような履歴をお持ちかご存じですか。どのような生徒指導をされてきたか、じっくり体験を聞く機会はありましたか。長引く感染症と大量退職者の影響で、教員間のコミュニケーションが分断されてしまいました。私もかつて、誰に聞けばよいかわからない、迷惑をかけては申し訳ない、という思いから、初期対応を誤ったことがありました。

　『生徒指導提要』（令和4年）は子どもの権利を尊重し、チーム学校としての機能を重視した提言が特徴です。それをどのように現場で活用し、実践するかは、究極のところ、目の前の生徒を見ている教員集団の教育力によるのではないでしょうか。

　生徒指導は一人の力のある教員だけではうまくいきません。教員集団の信頼関係が子どもたちのセーフティネットです。そして、彼らは教員を見てロールモデルを形成していきます。教員は元来教えるのが大好きな人たちです。あなたから印刷室で、またはレンジでお弁当を温めている同僚に、「ちょっと生徒指導のことで教えてください」または「おたがいさまですよ」と声かけをしてみてください。

　なお、本稿は現場ではよくあると思われるケースを選びましたので、『生徒指導提要』（令和4年）公示前の事例も含みます。ご了承ください。

　最後になりましたが、事例の提供・監修にご協力くださいました諸先生方にお礼を申し上げます。

編著者　小西悦子

こんなときどうする？生徒指導
インターネット・携帯電話・虐待・ヤングケアラー

目 次

Chapter 3　ヤングケアラー　93

Chapter 1

....

インターネット・携帯電話

Case1

オンラインゲームの代償
（小学生）

・・・・・・・・・・・・・・・・・・・・・・

〈事例〉

1　ジュースごちから10分返しの罰ゲーム

　６年生のＫ男は私立小学校に通っています。その仲良しのグループは、最近では勉強に対して前向きになれませんでした。そのまま問題を起こさなければ、付属中学や高校に行けるという安心感があったからかもしれません。

　まとめのテストの時には「ノー勉」を約束し、最下位得点者がジュースをおごるという取り決めをしていました。彼らのICカードには定期代以外にも、比較的裕福な家庭環境のため、多めのお小遣いが入っていたのです。

　駅までの帰り道に、先生に見つからないような小径にある自動販売機で、最下位だったＴ男がICカードでジュースを購入することになりました。自宅から持参している水筒のお茶は、とっくになくなっていましたし、夕方間際の青空に向けてキンキンに冷えたジュースを飲み干すのは最高に気分の良いものでした。

　すると、Ｔ男が、

　「家で10分以内にSNSの返信ができなかったら、半日シカトしようぜ」

というルールを提案しました。

　Ｋ男はときどきうっかりしてSNSを見逃し、翌日無視されることが

ありました。合意の上とは言いながら、授業中も休み時間も無視されて
いると、どこにも居場所がなく、みじめな気持ちになりました。

2　ゲームバトルへの参戦

　６月の学級活動の時間に、学年全体が体育館に集まり、大学の先生か
らSNSの利用に関する話を聞きました。

　クラスの児童の多くはもちろん、学校では禁止のスマホを使って、
SNSでつながっていて、その中で小さなトラブルがあったり、K男の
グループのように遊び半分の利用法がまかり通ったりしていました。そ
のような後ろめたい気持ちから、皆「しん」と音を立てずに話を聞いて
いました。

　その日の駅までの帰り道、K男のグループでは「10分返信ルール」が
気まずいと感じている雰囲気でした。K男ももうやめてほしいな、と

思っていて、それを言い出そうか考えていたところ、Ｑ男が

「このゲームバトル、面白いよ、ちょっとやってみない？」

と、隠れて持ち込んでいるスマホを取り出して見せました。それはＱ男が高得点をたたき出しているオンラインのゲームバトルで、今までＫ男が挑戦したことのないようなコンテンツでした。

「あ、それ知ってる。面白そうじゃん」

と、Ｒ男が言いました。

　そうして、いつもの仲間が集まって次々に参戦することになりました。ところが、Ｋ男は戦い方に不慣れなため、グループ内ではいつも下位の成績で浮上できないままでした。

　家に帰ってから、母親に夕飯の準備ができたと声をかけられても、対戦が終わるまでは中断したくありません。ゲーム対戦について時間を決めてやるように言われて口論することもあり、また、朝が起きられなくて、起こしてくれた母にぞんざいな言葉を言ってしまうことも増えていきました。

3　10万円課金の請求書が発覚

　ある日、Ｋ男の母親は、自分名義のクレジットカード会社から10日で10万円が引き落とされていたことを知って愕然としました。その夜、仕事から帰った夫にも話に加わってもらって、Ｋ男を叱責しました。しかし、

「おとうさんだって、おばあちゃんにゲーム機を買ってもらったり、お年玉でプレステ買って遊んだりしたって言ったじゃないか」

と言って、全く悪びれた様子を見せませんでした。

指導の振り返り

① **事実確認―止めたいのに止められない思い**

　担任は、Ｋ男の母親から面談の依頼を受けて事情を知りました。明日、仲良しグループから詳しく事情を聴いて報告するので、保護者同士の連絡はいったん留め置いてほしいと、母親に依頼しました。

　そして、母親から聞いた内容を学年担任団で共有し、教頭、校長に報告しました。

　翌日の昼休み、学年担任団は手分けして、Ｋ男たちを呼び出して、ゲーム対戦と課金のことについて事情を聴き取りました。すると、新たな武器を入手するために課金をしたのはＫ男だけだったことが判明しました。

　担任が放課後に改めてＫ男と面談をした際、当初のＫ男は訊かれたことに対して、無表情で目をそらせながら、ただうなずいていました。

　そこで、Ｋ男にはゲームバトルにのめりこんだ気持ちと保護者のカードを黙って利用した経緯を振り返る文章を書かせました。

　それによると……

　ぼくはテストの点が悪かった人がジュースをおごるのはよくないと思ったけれど、競争がやめられなくなってSNSの10分返しをやった。無視されるのはわかっていたけど嫌なきもちだった。それからゲームに全然勝てなくて、学校でバカにされるのがくやしかった。

家でバトルをしていた時、おなかがすいたので、冷蔵庫に何かないかなと思った。食器だなの引き出しに、おかあさんがカードをしまっていたのを思い出した。そういえば今月はまだおこづかいをもらっていなかった。このカードで武器をゲットできないかな、と思った。

　課金の仕方はネットで調べて知っていた。登録した時には、おかあさんの名前と生年月日、カード番号を入力した。最後に3ケタのセキュリティコードを入力したら、一気に画面が変わった。

　アイテムをゲットしたら、圧倒的に強くなって、あっという間にステージもクリアできた。そのうち眠くなって朝まで起きなかった。遅刻しかけたので、おかあさんとは話をしないで学校に行った。そのあとのおかあさんは、仕事で遅くなるので、しばらくはバレないだろうと思った。

　でも、昨日バレてしまって、3人で話をした。おとうさんだってゲーム世代だったはずだからぼくの気持ちがわかると思ったのに、一方的にどなられてむかついた。

というような内容だったのです。

❷　生徒指導の実際

　担任と教頭は、Ｋ男やそのグループと継続的に面談を重ね、自分たちが限度を超えてゲームにのめりこみ、学校生活を送る上で他人の時間を奪っていないかを考えさせました。加えて、自分たちでルールを作り、一緒にゲームで遊ぶ時間を決めることができるはずではないか、ということにも気付けるように話しました。

　また、Ｋ男のグループの保護者には、課金のことには触れず、日常の基本的な生活習慣を見直す一環として、ゲームの遊び方の約束について継続的に注意をしてほしいと依頼しました。家ではゲームやスマホ時間

が増えているので、夏休み前でも宿題を出してほしいと要請する保護者もいましたが、特段この指導方針に関して問い合わせてきた保護者はいませんでした。

　一方、当のK男は、無断で高額な課金をしたにもかかわらず、一向に反省の色が見られませんでした。そこで、担任と両親が立会いの下、教頭が説諭をしました。

> 　先生たちは、ネットやゲームの利用についてはルールや時間を守ってするようにという話をしてきたから、君もそれを聞いていたよね。けれども最近眠そうに授業を聞いていたり、宿題を忘れることがあったのは、どんな生活が続いていたからだったのかな。

と言うと、K男はうつむいてしまいました。

> 　社会では、人のお金や持ち物を勝手に奪ったら窃盗罪といって罪になるのを知っているかい。家庭で家族のものを盗ったりした場合は、その罪は問われないことになるんだけどね。とはいえ、お母さんのカードを勝手に使ってしまったことや、それを黙っていたのはどうだろう。家族の中にも当たり前のルールがあるはずじゃないかな。いっときの気持ちに負けて、やってしまったことを反省していることは作文に書いてあったね。ここできちんとお母さんやお父さんに謝って気持ちを立て直し、元の親子関係に戻ってはどうかな。そして6年生の大切な夏休みをご家族で過ごす期間にしないか。

と、まっすぐに切り込む口調で諭しました。
　すると、K男は涙を流してうなずきました。

❸　他の保護者や生徒への指導の実際

　学年団は夏休み前の定例学年保護者会で、教頭から、一般的なゲーム依存の問題、ネットショッピングやオークションを安易に利用することの危険性、さらには夏休みの課題をネットからコピーして提出するのは著作権に抵触することなどを話してもらうことに決めました。

　保護者会当日、Ｋ男の両親がそろって参加していました。他の保護者のために、個人情報に配慮して、この事例を話してもよいという許諾をしていました。６年生になって行き来している友達同士の遊びでも、金銭感覚が大きく異なっていると認識していたからです。Ｋ男の両親はメモを取りながら教頭の話を聞いていました。

　その後のクラスの懇談会では、ゲームやスマホの使い方や家庭での取り決めについて、近くの保護者同士で情報交換をしてもらうと、どの保護者も自分事として話し合っていました。

課題解決に導く基礎知識

1　生まれた時から見る画面越しの世界

　2019年の内閣府「平成30年度青少年のインターネット利用環境実態調査結果（概要）」によると、0歳から9歳の1,294人の子どもの85.3％が動画視聴を、60％がゲームをしているという結果になっています（複数回答）。つまり、インターネットやICT機器利用の低年齢化が認められます。

　また、乳幼児期から成長期に画面を凝視することで不可逆的な視力障害を引き起こす契機になると考えられています（仁科、2020）。

　実際、家族が一緒に食事をしても会話をすることが減りました。レストランに行くと、それぞれがスマホ画面を見たまま食事をする光景がよく見受けられます。

　親世代も身近にゲームに触れて育ってきた世代です。家族でバーチャルなキャラクターを選んで、運動を楽しんだり、勝敗を競ったりすることは決して悪いことではありません。しかし、子どもがゲームに集中していれば自分の時間が確保できる、と安易に考えていると、利用時にフィルターをかけていても、保護者が気が付かない間に数々のトラブルに巻き込まれることになりかねません。

2　増えるゲーム課金のトラブル

　現代では、ICカードの普及で、電車の運賃から買い物まで簡単に支払える時代なりました。たくさんの紙幣と小銭のお釣りを持ち歩くよりも、楽で便利になっています。その反面、実際に商品と対価としてのお金を交換した実感がわきにくいものです。

　K男も目に見えないところでお金が動いているという自覚が薄かった

図1　オンラインゲームに関する相談件数の推移

（出典：独立行政法人国民生活センター　報道資料発表　図1「オンラインゲームに関する相談のうち契約当事者が小学生・中学生・高校生の相談件数」2021年8月12日）

のでしょう。課金ができる仕組みを動画サイトで見て、罪悪感が乏しいまま、勝手に母親のカードを抜き取って決済をしてしまったようです。

　2021年8月に発表された国民生活センターの相談情報のデータベース「PIO-NET」（全国消費生活情報ネットワークシステム）によると、オンラインゲームに関する相談のうち、実際に課金を行った6歳から18歳までの件数は、2020年が2016年の約3倍になっています（図1）。

　このように、小さい時からインターネットに触れてきた子どもたちこそ、情報モラルやセキュリティに関しての知識を理解し、適切に判断して活用する力が必要とされるのです。

3 生徒指導で考慮すべきこと

①学校の特質と児童生徒の発達段階を見極める

一般的に、エスカレーター式に進学できる私立小学校では、友だちも顔見知りです。その分、児童は毎日が安定した生活になる反面、小学生の最高学年としての自覚や、自律的に行動する意識が醸成されにくい環境があるかもしれません。教育や習いごとには熱心であるものの、お金に対する価値観やお小遣いのルールに対してはさほど厳しくしないという保護者もいます。

子どもが第二次性徴を迎えると、体が日ごとに変化していくのに心がそれに追いつかなかったり、世の中の仕組みがわかるにつれて、保護者や教師に素直な態度が取れなくなったりすることもあります。自分の行動をしっかり見つめるには、他者の視線や言葉の支えが必要なのです。ですから、教頭のまっすぐな言葉が、K男の心に届き、膠着した親子関係を再構築させるきっかけとなりました。

②親子で一緒に考えるネットのトラブル教室

『生徒指導提要』ではインターネット問題の早期発見として、(1)日常の些細な困難や悩み事を気軽に相談できる信頼関係に基づく相談窓口の整備、(2)保護者や地域への啓発活動、(3)学校、家庭、地域での居場所づくりを挙げています（11.3.3）。

コロナ禍の影響で、ここ数年は、休み時間や給食の時間に発話が禁止になって、友人同士が話し合うような環境が十分に機能していませんでした。

子どもたちの人間関係だけでなく、PTAの活動も時代の流れで見直しが進んでいます。保護者向けの学習会の企画と児童が学ぶ内容を合同で企画してはどうでしょうか。親子で一緒に学ぶという姿勢が当事者意識を高めることもできる上に、PTA活動のスリム化、活性化も期待できます。

4 　まとめ

　K男の母親は、課金のことを担任に知らせました。このようなことを恥ずかしいと考え、身内で対処して表沙汰にしない家庭もあるかもしれません。とはいえ、睡眠不足で学校生活に支障をきたすことや、ゲーム仲間との人間関係が一因ならば、自分事として考えさせる指導ができる機会です。児童を観察する中で、気になることがあれば、家庭に連絡し問題の早期発見につなげたいものです。

参考文献

独立行政法人国民生活センター（2021）報道資料発表　図1「オンラインゲームに関する相談のうち契約当事者が小学生・中学生・高校生の相談件数」
　　https://www.kokusen.go.jp/news/data/n-20210812_2.html
内閣府（2019）「平成30年度青少年のインターネット利用環境実態調査結果（概要）」
　　https://www8.cao.go.jp/youth/youth-harm/chousa/h30/net-jittai/pdf/sokuhou.pdf
仁科幸子（2020）「小児の視機能に対するICTの影響に関する研究」国立成育医療研究センター 2020年度研究課題　総括研究報告書　課題番号：30−23
　　https://www.ncchd.go.jp/center/information/kaihatsu/2020.html

SNS に不適切な写真を送信
（中学生）

・・・・・・・・・・・・・・・・・・・

〈事例〉

1　無口な転校生

　中学 2 年の 3 学期に山間部から I 子が転校してきました。まだ小学生のように幼い顔立ちで、小柄な生徒です。朝の会で紹介される直前、男子生徒が廊下で待機している I 子に気がついて騒ぎ出したので、40代の担任から大きな声で叱責されていました。その後の自己紹介で、クラスの生徒の視線を向けられた I 子は、か細い声で「よろしくおねがいします」と言うのがやっとでした。

　すでに、クラスの人間関係もできあがっている時期でしたから、I 子はなかなか学校生活に慣れないようでした。忘れ物がある都度に、困った表情で鞄の中を探している姿もありました。休み時間になると、一人で窓の外を見ていることもありました。

　また、授業中に教科担任が発問しても、答えに窮する場面が何度も見られました。前任校との進度差があるというよりは、I 子の学力が高くないということがそれぞれの教科担任の一致した見立てでした。

2　送信されてきた写真

　同じクラスでサッカー部の J 男は、明るくて人気者です。ある日、J 男の SNS に写真が送られてきました。発信元は I 子です。I 子とは席

が離れているので、ほとんど話をしたこともありませんでしたから、J男は不思議に思いました。開封してみると、それは女性の首から下の下着写真だったのです。

　びっくりしたJ男は、すぐI子に
　〈なんだこれ、だれの？〉
と送信しました。すると、すぐに既読がついて、I子から、
　〈だれだと思う？〉
と返信が来ました。J男は混乱しました。J男はひそかにバレー部の生徒に好意をもっていましたが、I子には微塵もそのような感情は抱いていなかったのです。ですからこれは、自分を陥れる行為なのではないか、と思いました。そこで、
　〈どこかの変な画像からとってきたんじゃないの？〉
と訊き返しました。すると、しばらくして今度はI子の顔から上半身が

写っているほぼ裸の写真が送られてきました。

　Ｊ男は驚いて、

〈おまえ何やってるかわかっているのかよ!!〉

と打ち、力を込めて送信しました。同時に動悸が激しくなり、一人で抱えてしまうには息苦しくなりました。そこで友だちとチャットのやりとりをするコミュニティサイトに転送ボタンを押してしまったのです。

3　拡散が発覚

　グループのＬ子がコタツに寝転んで動画を観ている時、SNSの着信音が鳴りました。開いてみると、Ｊ男から〈こんなの来ちゃったよ〉というメッセージとともに、クラスのＩ子のあられもない写真が添付されていたのです。Ｋ子は飛び起きて

「おかあさん、おかあさん、ちょっと来て！」

と叫びました。台所で食器を洗っていた母親はすぐに行けなかったので、Ｋ子が母親のもとに駆け寄りました。その写真を見た母親は、Ｋ子の代わりに担任に連絡をしました。

　担任は転送してもらった写真を見て、Ｉ子であることに間違いないと確認しました。そして管理職に一報を入れ、Ｊ男以下、SNSグループに電話ですぐに連絡し、SNSのやりとりは中断し、明日、携帯電話を学校に持参することを約束させました。

　Ｉ子の自宅にも電話をして話を聞こうと思いましたが、電話に出た父親は

「娘はもう寝ました」

としか答えません。担任は、明日朝早く登校して、携帯電話を持参するように申し伝えてほしいと依頼しました。しかし、Ｉ子は当日無断欠席をしました。

　そのままＩ子は３月まで不登校で、４月に他校へ転出しました。

指導の振り返り

❶ クラスの様子

　Ｉ子が転入したクラスは、授業中にうるさくなることがありましたが、厳しい学年主任の担任の前では、皆申し合わせたように静かになるという特徴がありました。クラス内の SNS のコミュニティがいくつもあって、女子生徒たちは推しのタレントの話題や恋バナで盛り上がっていました。Ｉ子も誘われて友だち登録をしましたが、どのグループとも話が合わないので、積極的に参加していませんでした。

　一方、クラスの男子は、先生の眼を盗んでプロレスごっこや、ふざけた話に笑いあう生徒が大半でした。なかにはグラビアアイドルについて話している男子生徒もいましたが、女子生徒たちは聞き流しているようでした。

❷ 学年担任団の人間関係

　Ｉ子の担任は異動して、新１年の学年主任になりました。その年度は異動者が多く、校内体勢の立て直しが急務でした。Ｉ子の担任は企画調整会議で校内分掌の不備を指摘して修正を提案し、生徒指導も部活動指導もテキパキと取り組むので、管理職からは一目置かれた存在となっていました。

　しかし、自分を含めた学年団４人の足並みが揃っていませんでした。特に長年この学校に勤務しているベテラン担任は、この学校の最長老で、独自の指導を信条としていました。その反面、授業中生徒のおしゃべり

がうるさいのに注意しない、と保護者から苦情が来ていました。Ｉ子の担任が提案する指導方針とは対立していました。

　学年会で折り合いが付かず、長引いてしまうと、緩衝役の女性担任が子どものお迎えのため定時に帰ってしまいます。若手の担任も部活動の解散ミーティングに行く時刻になっているので、そわそわしています。そこで、Ｉ子の担任は、時間内に終えるため、本来審議すべき事項や、クラス相互の情報共有に十分取り組んでいませんでした。

❸　関係した生徒からの聴き取りの様子

　その日の深夜近くなってしまいましたが、下着写真の情報を得た担任が、Ｉ子の自宅に連絡を入れました。

　電話に出た父親は、

「娘はもう寝てます」

と、そっけない対応でした。そこで翌日朝早く登校して、事情を聴くために携帯電話を持参するように申し伝えたところ、

「そんなに早く行かせるんですか」

と、明らかに納得がいかない口調でした。

「他の生徒の目に触れないよう、時間帯に配慮するためですから」

と、担任も苛立ちを押さえて説明しました。この時担任は、昨年末に転入の手続きのために指定した時間に父娘で来校したものの、いきなり、仕事があるので何時までかかりますか、と父親に尋ねられ、これからの学校の話を説明しようとした気持ちをくじかれたことを思い出しました。

　ところが翌朝、Ｉ子は時間になっても登校しません。

　８時になると、その時間に呼び出したＪ男が来校しました。Ｉ子から送られた写真を素直に提示し、

「もう頭が混乱して、かあーっとなっちゃって……僕だけではどうにもならなくて、SNSの仲間に送っちゃったんです。すみませんでした」

と、転送について反省して、その関係者をすべて話しました。そこでは

別のクラスの生徒は関わっていないことがわかりました。

　またJ男は、I子とは個人的に話をしたこともなく、思い当たるような言動はない、と語気を強めて主張しました。

　「わかった。この件については絶対に外に漏らすなよ」

　担任はその場で写真とSNSのアカウントを削除させ、反省文を書いてくるように指示しました。

　J男のコミュニティに属しているクラスの生徒4人もそれぞれ昼休みと放課後に短時間で聴き取りをして、本人たちに承諾のもと、持参させた携帯電話を確認し、その場で内容を削除させ、家庭にも連絡を入れました。

　このあと、夕方から予定されていた部活動関連の出張に行きました。

④　学校からの連絡を一切拒否、転校へ

　夕方の出張が終わった夜、担任はI子の自宅に連絡をしました。すると父親が出て、

　「今朝から学校には行きたくないって言ってますよ。恥ずかしんでしょうね」

と言うのです。担任は今日、他の生徒から聴き取った話を説明しました。すると、

　「うちの娘はふだん学校の話をしないからよくわかんねぇけどさぁ、I子がそんなことをしでかしたのは、クラスで居場所がないからじゃねぇのかぁ？」

と口調が突然荒くなりました。それからは興奮し、担任や学校への不満を次から次へと話し出しました。そのほとんどが心当たりのない内容でした。そこでI子の担任が、

　「その続きは明日、ご一緒に学校に来てお話を聞かせてくださいませんか」

と伝えると、

「もう、いいよ、いいよ。これ以上うちに関わるなよ」
と言うなり、父親は電話を切ってしまいました。

　この後、何度連絡をして不在通知に切り替わってしまいます。管理職に相談して、翌日校長とともに家庭訪問をしましたが、ドア越しに面会を拒否されました。教育委員会に報告し、外部のカウンセラーや地域の福祉関係機関と連携を取って保健センターにつないだものの、芳しい反応はありませんでした。

　3月、教育委員会に、保護者から転居に伴う転校願いが届きました。

　この一件については、いつも校長室のドアを閉めて、Ｉ子の担任が管理職と話をしている様子のみで、他の学年団は何も知らされていませんでした。経緯を知ったのは、ベテラン担任が授業中に生徒の雑談を耳にしたことがきっかけでした。

　学年会でそのことをベテラン担任が話題にすると、Ｉ子の担任は、
　「保護者の転居で転校希望が出ています。写真の件は担任指導をしました」
と回答するだけでした。

　4月、Ｉ子の担任は別の学校に栄進しました。

課題解決に導く基礎知識

1　チームが機能しなくなる時

　「チームとしての学校組織」が形骸化する大きな原因の一つに、教員の持ち時間や空き時間の関係で、会議や委員会の関係者が揃わないということが挙げられます。

　またメンバーが揃っていても、最終的に指導に向けての合意形成ができていなかったりすると、「チームとしての学校組織」は機能不全に陥ります。

　Ｉ子の担任は学年主任の立場で、担任団をまとめきれず、日常的にストレスを感じていました。すべて自分のクラスの生徒が関係していたことから、単独で対応したことで、父娘との交渉が決裂しただけでなく、学年団の教員から不信感を持たれ、その後の対応を一人で背負うことになりました。

2　父親の逆切れの理由

　クレームを寄せる保護者とその子どもの養育態度については、「溺愛・偏愛型」「放任・拒否型」「過干渉・過支配型」「バランス型」に分類できます（嶋﨑、2008）。

　それによると、今回のＩ子の父親は「放任・拒否型」と考えられます。普段は子どもへの関心が低く、あまりかまってやれない父親が、教師へのクレームを通して、その"埋め合わせ"として、子どもを守る保護者の役割を果たそうとしているのです。

　また、電話は相手の顔が見えません。担任はＩ子と直接話をする前に、父親に経緯を伝えてしまっていますが、聴き取りをしたＪ男寄り目線で説明していなかったでしょうか。思春期の娘が行ったことを、父親がど

のような気持ちで受け止めているか、その点に配慮した会話でないと、電話の相手の父親は逃げ場がありません。

　その後、父娘ともに居留守で対応を拒否したとのことですが、まずは事実確認を複数の教員でするべきでした。Ｉ子の担任と意見が対立していたベテラン担任は、このような時Ｉ子の父親と話ができたかもしれません。また、学年の女性教員の立場から、Ｉ子に恋愛感情の伝え方のアドバイスをすることも可能だったと思われます。

3　クラスの人間関係づくり

　中学校学習指導要領特別活動の〔学級活動〕 2 内容(2)「日常の生活や学習への適応と自己の成長及び健康安全」にはア〜オの項目があります。その中のア・イ・ウについては以下のように書かれています。

> ア　自他の個性の理解と尊重、よりよい人間関係の形成
> 　自他の個性を理解して尊重し、互いのよさや可能性を発揮しながらよりよい集団生活をつくること。
> イ　男女相互の理解と協力
> 　男女相互について理解するとともに、共に協力し尊重し合い、充実した生活づくりに参画すること。
> ウ　思春期の不安や悩みの解決、性的な発達への対応
> 　心や体に関する正しい理解を基に、適切な行動をとり、悩みや不安に向き合い乗り越えようとすること。

　望ましい人間関係を形成するためには、自己表現やコミュニケーション能力を高める体験的な活動や、思春期の心と体の発達や性に関することを正しく理解し、人間関係を築く上でのルールやマナーについて考え、話し合うことが大切です。

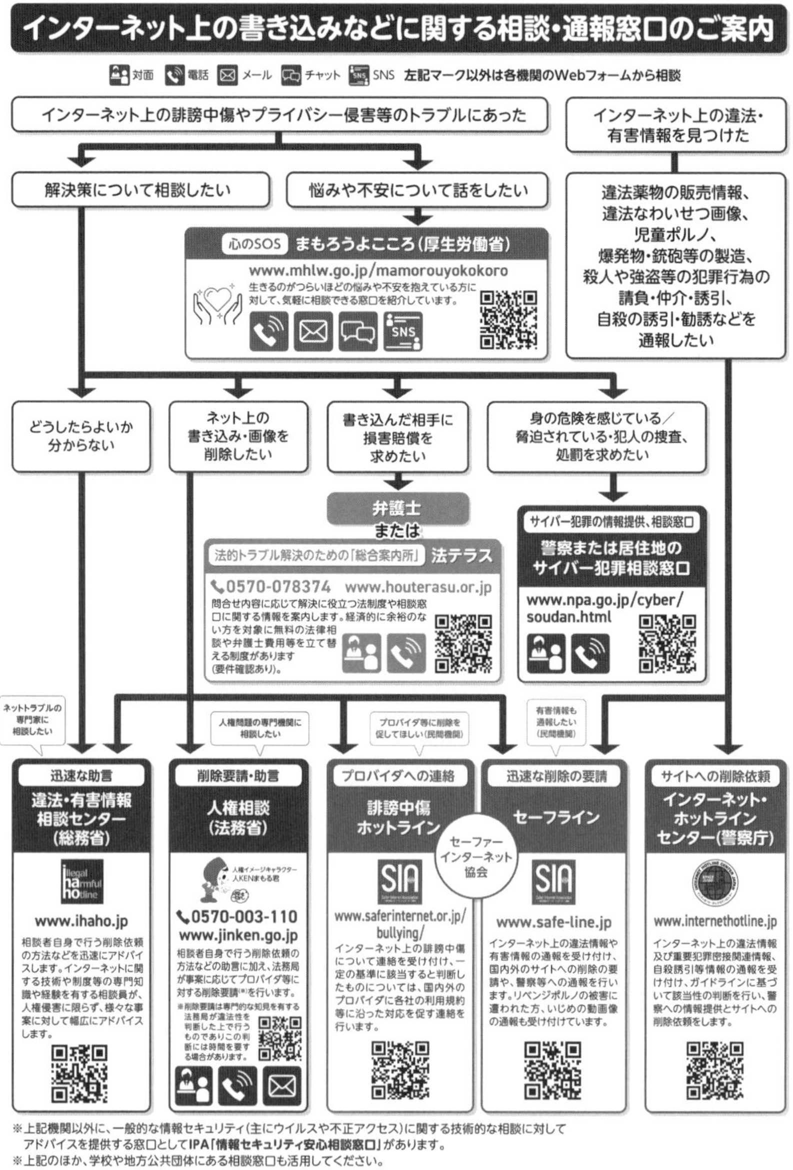

インターネット上の書き込みなどに関する相談・通報窓口のご案内

対面　電話　メール　チャット　SNS　左記マーク以外は各機関のWebフォームから相談

```
インターネット上の誹謗中傷やプライバシー侵害等のトラブルにあった        インターネット上の違法・有害情報を見つけた
```

解決策について相談したい　　**悩みや不安について話をしたい**

違法薬物の販売情報、違法なわいせつ画像、児童ポルノ、爆発物・銃砲等の製造、殺人や強盗等の犯罪行為の請負・仲介・誘引、自殺の誘引・勧誘などを通報したい

心のSOS　まもろうよこころ（厚生労働省）
www.mhlw.go.jp/mamorouyokokoro
生きるのがつらいほどの悩みや不安を抱えている方に対して、気軽に相談できる窓口を紹介しています。

どうしたらよいか分からない　　**ネット上の書き込み・画像を削除したい**　　**書き込んだ相手に損害賠償を求めたい**　　**身の危険を感じている／脅迫されている・犯人の捜査、処罰を求めたい**

弁護士 または

法的トラブル解決のための「総合案内所」 法テラス
0570-078374　www.houterasu.or.jp
問合せ内容に応じて解決に役立つ法制度や相談窓口に関する情報を案内します。経済的に余裕のない方を対象に無料の法律相談や弁護士費用等を立て替える制度があります（要件確認あり）。

サイバー犯罪の情報提供、相談窓口
警察または居住地のサイバー犯罪相談窓口
www.npa.go.jp/cyber/soudan.html

ネットトラブルの専門家に相談したい　　　人権問題の専門機関に相談したい　　プロバイダ等に削除を促してほしい（民間関係）　　有害情報も通報したい（民間機関）

迅速な助言
違法・有害情報相談センター（総務省）
illegal harmful hotline
www.ihaho.jp
相談者自身で行う削除依頼の方法などを迅速にアドバイスします。インターネットに関する技術や制度等の専門知識や経験を有する相談員が、人権侵害に限らず、様々な事案に対して幅広くアドバイスします。

削除要請・助言
人権相談（法務省）
人権イメージキャラクター 人KENまもる君
0570-003-110
www.jinken.go.jp
相談者自身で行う削除依頼の方法などの助言に加え、法務局が事実に応じてプロバイダ等に対する削除要請[※]を行います。
※削除要請は専門的な知見を有する法務省が違法性を判断した上で行うものでありこの判断には時間を要する場合があります。

プロバイダへの連絡
誹謗中傷ホットライン
セーファーインターネット協会
SIA
www.saferinternet.or.jp/bullying/
インターネット上の誹謗中傷について連絡を受け付け、一定の基準に該当すると判断したものについては、国内外のプロバイダや各社の利用規約等に沿った対応を促す連絡を行います。

迅速な削除の要請
セーフライン
SIA
www.safe-line.jp
インターネット上の違法情報や有害情報の通報を受け付け、国内外のサイトへの削除の要請や、警察等への通報を行います。リベンジポルノの被害に遭われた方、いじめの動画等の通報も受け付けています。

サイトへの削除依頼
インターネット・ホットラインセンター（警察庁）
www.internethotline.jp
インターネット上の違法情報や重要犯罪密接関連情報、自殺誘引等情報の通報を受け付け、ガイドラインに基づいて該当性の判断を行い、警察への情報提供とサイトへの削除依頼を行います。

※上記機関以外に、一般的な情報セキュリティ（主にウイルスや不正アクセス）に関する技術的な相談に対してアドバイスを提供する窓口としてIPA「情報セキュリティ安心相談窓口」があります。
※上記のほか、学校や地方公共団体にある相談窓口も活用してください。

図2　インターネットトラブルの相談・通報窓口　系統図
出典：総務省「インターネット上の書き込みなどに関する相談・通報窓口のご案内」
https://www.moj.go.jp/content/001335343.pdf より

34　Chapter1　インターネット・携帯電話

そして、それぞれの発達段階に応じて、養護教諭やスクールカウンセラーの助言などを参考に、他教科の単元と関連させることも可能です。生徒一人ひとりの居場所である学級が、健全に成長できる場であるよう、担任の人間性に依拠した指導力が求められます。併せてネットの書き込みに関する外部の相談窓口も確認しておきましょう（図２）。

　なお、2023年7月13日から撮影罪（性的姿態等撮影罪）が施行されました。撮影行為のみならず、撮影データを第三者に提供したり、提供する目的で保管したりする行為も処罰されることになります。

参考情報

総務省「インターネット上の書き込みなどに関する相談・通報窓口のご案内」（https://www.moj.go.jp/content/001335343.pdf）

参考文献

嶋﨑政男（2008）『学校崩壊と理不尽クレーム』集英社新書、pp.121-126

Case3

スマホ依存
（高校生）

●●●●●●●●●●●●●●●●●

〈事例〉

1　友人トラブルとスマホ依存

　M男は私立の中高一貫校の高校１年生でソフトテニス部に所属しています。部活動には欠かさず参加していて、クラスでも友人との関わりは多い方です。

　中３の時のことです。５月に団体戦があり、部員全員で応援に行ったことがありました。M男は観客席の一つに席取りを兼ねて自分の帽子を置きトイレに行きました。トイレから戻ると、自分の座ろうと思っていた席に別の生徒が座っています。M男が、

「そこは俺が座ろうと思って取っていた席だぞ。その席じゃないとダメだ。どけよ」

とかなり強い口調で咎めました。急に言われた相手の生徒は譲りません。

　選手のプレーが始まる寸前になっても二人が言い争っているので、

「何しに来てるんだ、試合が始まるぞ」

と顧問が注意しましたが、M男はしばらく怒った様子で落ち着きなく過ごしていました。

　９月の大会では事前に配布されたボールを持参することになっていたにも関わらず、試合にボールを持って行くのを忘れてしまいました。

　別の時には、教員に追試で数回呼び出され、授業が終わったらすぐに行く、と約束したにも関わらず、なかなか来ないので教室に様子を見に

行くと、複数の友人たちと誕生日の歌を歌っているところでした。
　「どうしたの」
と教員が訪ねると、
　「友だちの誕生日祝いだから。これが終わったら行きます」
と答えたので、教員は驚いてしまいました。
　また、この学校は授業中に携帯電話（以下スマホ）の持ち込みを禁止
しているのですが、机の中に入れたままでアラームを鳴らしてしまい、
指導を受けることがありました。反省文を書いても、朝の連絡を終える
と、すぐさま授業用のタブレットパソコンを取り出して何かを検索して
います。担任が声をかけても、すぐさま自分のことだとは気がつかない
ほどでした。

２学期に、成績が芳しくないため、担任が保護者と面談をすると、家庭では常にスマホをいじっていて、１日に10時間以上スマホを使用していること、注意をすると母親に罵声を浴びせ、叩くなどの行動があることが分かりました。１日に10時間というと部活動の時間を除いて授業中にも使っている計算になります。それでも高校への進学はできました。

2　成績不振から進級ができなくなる

　高１の１学期・２学期と成績が著しく低迷していたので、担任は面談で保護者にM男の進級が難しいかもしれないと伝えました。またその時、学校での様子が家庭にはほとんど伝わっていないことが判明しました。成績についても本人が保護者に知らせず、学校からのプリントも見せない、保護者が聞いても答えないとのことでした。

しかし、本人は、
「これから勉強すれば追いつけると思うので、がんばります」
と、やる気を示していましたし、保護者もそれに異を唱えませんでした。
　結局、２学期までは、定期考査の点数が芳しくないことに加え、課題
がことごとく未完成でした。教科担当がM男に何度も個別に声掛けをす
ることで、３学期は何とか半分程度まで提出できました。
　３学期には家庭教師をつけ、特に苦手な数学と英語を中心に課題や考
査勉強に取り組んでいました。けれども依然としてスマホを見ている時
間が多く、集中できないので、心配になった母親が勉強するように言う
と、
「俺がこんなにできないのはお前のせいだ」
と蹴ることもありました。
　M男は学年末の考査では十分な点数を取ることができず、原級留置と
なってしまいました。

指導の振り返り

①　本人の発達特性に気付くタイミングが遅かった

　M男が中学時代の部活動で些細なことにこだわったエピソードや、日常的に課題を提出できないこと、また、物事の優先順位がつけられないなどの情報が一元化されることがなかったため、教職員間で発達特性の可能性を指摘する声は上がりませんでした。むしろ、提出物を出さなかったり、呼び出しをしても忘れて来なかったり、授業中に持ち込んだスマホのアラームを鳴らしてしまったりしていたので、「ふてぶてしい奴」と感じる教員が少なからずいました。

　1学期の成績会議で成績不振者として名前が挙げられましたが、問題となるのが特定の教科だったため、その教科を苦手とする生徒が多いものの、例年通り何とか年度末には単位がもらえるだろうと、ほとんどの教員は考えていました。

　1学期末に担任は、

　「成績を保護者に見せ、指導があったと言うんだよ」

と、M男に伝えましたが、本人はそれをしていませんでした。2学期末に担任が保護者に「進級はむずかしい」と連絡して初めてM男の置かれている状況を知った保護者は、

　「なぜもっと早く知らせてくれなかったんですか」

と、担任への不信感を示しました。

② 保護者や担任の困り感から組織的な対応へ

担任はM男が欠席がちになってきたので、M男と面談して様子を訊いてみたところ、

「課題をやらなくちゃと思って家で取り組んでいるのですが、イライラしてきて、ついスマホを見てしまいます。どうしてもスマホは止められません。それに、スマホで自分の症状を調べてみました。自分は未知の病気かもしれません。誰かに（自分の状態を）説明してほしいです」と、相談されました。このことから、単なる「さぼり」ではなく、スマホ依存に苦しんでいることと、発達特性の可能性があるかもしれないと担任は考えました。

また、保護者の話から、M男の家庭での暴力が問題であると感じたため、すぐに学年会で共有し、同時に養護教諭にも相談しました。

養護教諭は、本人はともかく母親が困っている状況から、まずは母親にスクールカウンセラー（以下 SC）との面談を勧めるよう担任に助言しました。

担任から SC 面談を勧められた母親は、予約のために養護教諭へ電話連絡を入れました。その際、母親の主訴は子どもからの暴力ではなく、スマホ依存をどうにかしてほしいということでした。

1月に SC 面談を行った後、スマホやネット依存にも強い医療機関を母親に提示したところ、M男は週に1回のペースで心療内科に通院しカウンセリングを受けることになりました。

しかし、勉強が思うようにはかどらない2月、本人から

「（発達）検査をしてほしい」

と、養護教諭に申し出ました。保護者と本人がうまく話が出来ているか心配した養護教諭が、担任に許可を得た上で家庭に連絡を入れると、母親も同じ希望でした。

ところがこの間、父親からは母親と全く違うタイミングで学校にクレームがありました。母親と父親の間での話し合いはほぼなく、母親か

ら状況だけを聞いた父親が、学校に突然やって来て担任に文句を言うのです。3度目の来校時、副校長が対応し、急な来校は遠慮してもらうように伝えました。

❸ 発達検査を校内で実施し、合理的配慮を検討する

　M男の在籍している学校では発達検査を希望した場合、申請をすれば校内で心理士に発達検査を実施してもらえますが、心療内科で診察とカウンセリングを受けているM男の場合、そちらで発達検査を受ける方が自然でした。しかし、養護教諭と担任がSCに相談すると、検査結果を学校が正確に把握するためには、学校で検査をすることが望ましいだろうと助言されました。本人も母親も、会話の中で相手の言葉を自己都合で解釈する傾向にあったため、学校で検査を実施することが適切であるということになりました。

　ただし、M男にとって何よりも大事な3学期の期末考査が目前に迫っていること、発達検査の結果、何らかの傾向があったとしても今回の考査にアドバンテージになるものではないことを養護教諭から丁寧に説明しました。

　M男と母親の了解を得て、3月の発達検査実施に向けて、校内の特別支援コーディネーターが中心となり、自治体の自立支援担当へ連絡し、特別支援教育心理士を派遣してもらいました。

　心理士とM男の面談、関係教員からの聴き取り、発達検査から、M男には顕著な発達の偏りがみられました。

　この結果を踏まえ、本人が苦手なことや得意なこと、今後の対応などについて、母親、本人、教職員にそれぞれフィードバックを行いました。本人や母親は結果を前向きに受け止めたようです。特に本人は霧が晴れたような表情を見せました。

　3月の定期考査や数々の追試、成績会議を経ても進級できなかったのでM男は進路変更も考えました。しかし、心療内科でのカウンセリン

グを通して、スマホ依存のコントロール法を身につけ、大好きなテニス部に参加し続けたいこと、発達検査で得た対応の工夫をして勉強を頑張ってみようと決めました。

　次年度、校内で特別支援教育委員会を立ち上げ、M男の個別の支援計画と指導計画を作成しました。そこには管理職も委員として参加し、校内での合理的配慮の範囲を明示しました。例えば、「課題や連絡事項は視覚的に伝える」「大事な連絡はその場でメモするよう声かけをする」などの支援計画に加え、各教科からの提出物の見通しや考査の得点、単位取得に向けての具体的な助言などの指導計画を、本人と保護者に示しました。

　M男への対応は、以前は担任が行うのみだったのに対し、特別支援コーディネーターが中心になって、職員への周知、働きかけを行うようになりました。保護者面談も、担任だけでなく委員が同席し家庭を支援しています。

課題解決に導く基礎知識

1　スマホ依存の世界的増加

　インターネットは瞬時に情報を獲得し、自ら発信することができるといった有用性がある一方、利用する現代人は様々な課題と向き合っていかなければなりません。厚生労働省研究班の調査結果によると、2012年の中高生の約52万人に「インターネット依存」の疑いがあるとされていましたが、2018年では93万人と倍近く増えています。2021年内閣府の「青少年のインターネット利用環境実態調査」では、高校生が3時間以上使用する割合が62.4%でした。

　インターネット・ゲーム依存（以下、ネット依存）とは、「制御してインターネットを使用（利用）することができない状態であり、かつ何らかの障害（悪影響）もほぼ必発である状態を差し、インターネット使用障害は（制御できるかどうかは別にして）その使用により何らかの障害（悪影響）が起きていること」を指します（中山、2015）。

　つまり、依存しているということは、それだけ日常生活に影響があって困っている状態なのだという理解を持つことが必要です。

2　エピソード記録を通して検討し、保護者や生徒を専門機関につなぐ

　ネット依存は、発達障害や精神疾患が合併しやすいという報告もされています（中山・樋口、2020）。また、依存症は遺伝的な要因や、夫婦の不和も一因であるとの報告がされています（八木、2021）。様々な要因が絡んでいる場合には、家庭の環境調整を支援する助言役が必要となってきます。

　そこで、担任は気になる生徒の言動をエピソードの記録として採っておきます。その内容は先々法的な証拠となる場合がありますから、記録

によるトラブルを起こさないために、①推測は記録に残さない②医療診断や心理診断をしたような書きぶりは適切ではない③情報源を必ず書く（周防・片山、2023）ことを心掛けます。専門家による診断無くして軽々に発達障害などと断定し記録してはいけません。

　M男は、学校生活の中で、自制心の利かない行動やスマホをやめられない苦しさを担任に打ち明けました。この事例にもあるように、養護教諭や部活動顧問、または他の教科担任がM男に関するエピソードを蓄積し、共有したことで、指導が一歩前進することになりました。

3　放置せず、関わることが大切

　中高一貫校の場合でも、中学までは義務教育ですから、高校に入学後の4月のガイダンスで原級留置の条件を説明されても、ピンと来ない生徒がほとんどでしょう。保護者も、高校の履修と修得の条件を理解している方ばかりではありません。さらに、高校の授業は上級生になるほど学習量も多くなりますし、内容が易化することはないと考えられても、それを先取りして体感することは困難です。

　3学期になると進級が危ぶまれる生徒は、教科担任から懲らしめのように与えられた大量の課題と格闘しますが、自分では到達目標が見えないので、這いずり回り、焦り、やる気を失っていきます。ネットの世界に依存するのは、現実の不安を解消するためであるかもしれません。

　学校は支援チームを編成し、M男が教師と一つひとつの行動を確かめることができる境環を整えていきました。これが、学習のつまずきを乗り越え、スマホ依存の時間を意識して短縮する手立てになります。この学校で卒業したいと願うM男には、しっかり取り組んでもらいたいものです。

4 インターネット問題への対処法

　コロナ禍の影響で、インターネットを通した情報交換は世代を超えて増加し、学校でもICTの導入によってタブレットを活用した学習が進んでいます。その反面、ネット依存の人口が増加し、児童生徒の生活への影響が甚大となっています。相談を受けたら、日々の記録を取っておき、包括的な支援の計画を立て、教員間で情報を共有しましょう。

　『生徒指導提要』では、生徒指導事案として対応を求められるインターネット問題を大きく3つに分類して、その対応を示しています(11.3.4)。

①法的な対応が必要な指導
　　・違法投稿（著作権法違反、薬物等）
　　・ネット上の危険な出会い
　　・ネット詐欺
　　・児童買春・児童ポルノ禁止法違反（自画撮り被害等）
……これらは警察等の専門家と連携し、児童生徒を違法状態から救出します。

②学校における指導等
　　・誹謗中傷、炎上等悪質な投稿
　　・ネットいじめ
……放置せず、関係機関と連絡をとりながら対応します。インターネットに精通した専門家の下で被害に遭った児童生徒や保護者から削除要請しなければならないこともあります。

③家庭への支援
　　・ネットの長時間利用
　　・家庭でのルールづくり
　　・児童生徒の孤立状態の把握、サポート

……都道府県や市区町村単位の地域を挙げた支援体制構築と周知徹底が求められます。居場所のない児童生徒のよりどころがインターネットになっている可能性があります。

　これらのトラブルは時間が経つと全貌が把握しずらくなり、児童生徒の認知状況で対応が大きく変わるとされています。従って、早期に対応し、聴き取りは慎重に、かつ丁寧に行います。なお、SNS等に指導の経過が流出する可能性も否定できないので、教職員が一致した考えの下で、対応方針をすり合わせることが重要です。

参考文献
・中山秀紀（2015）「若者のインターネット依存」『心身医学』vol.55⑿、pp.1343–1352
・中山秀紀・樋口進（2020）「エビデンスに基づく療育・支援―インターネット・ゲーム依存―」『子どものこころと脳の発達』Vol.11⑴、pp.11–16
・八木眞佐彦（2021）「地域における相談・支援、家族教室経験からの所感など〜ゲーム依存・ネット依存は禁止や戒めではなく「心のSOS」として活かす〜」厚生労働省第2回ゲーム依存症対策関係者連絡会議資料3、令和3年3月26日
　https://www.mhlw.go.jp/content/12205250/000766457.pdf
・周防美智子・片山紀子（2023）『生徒指導の記録の取り方　個人メモから公的記録まで』学事出版

Case4

SNSへの書き込みトラブル
（高校生）

• • • • • • • • • • • • • • • • • • •

〈事例〉

1 　携帯電話（スマホ）に夢中

　高校１年のＡ子とＢ子は同じバスケット部の仲間でした。入学当初は中学校時代から続けてきたバスケットの魅力と先輩たちの試合の応援で、毎日がバスケット漬けでした。インターハイが終了して３年生が引退し、自分たちも部活動の主力となっていくために頑張っていましたが、なかなか試合に出ることができず、応援に回ることの方が多い日々が続きました。

　夏休みに入ってから、２人はもっぱらスマホいじりに精を出すようになり、バスケット熱が冷めていきました。２人がスマホに夢中になり練習に集中できない状態になっているので、試合で勝ちたいという意欲に燃えている仲間が注意をしたところ、２人はそれをきっかけに部活動から離れるようになりました。

　そのうちに、Ｂ子は男子バスケット部のＣ男とつきあうようになります。すると、Ａ子よりもＣ男と過ごす時間が増えていきました。Ｂ子はＡ子と会うときは、必ずＣ男のことを口に出し、二人の間柄の自慢話ばかりするのでした。さらには、Ｃ男との性的な関係までＡ子に打ち明けてくるのです。それを聞かされるＡ子はうんざりし、この不満をバスケット部の仲間だった友人に話していました。

　ある日、Ｂ子はＡ子と一緒にカラオケで遊んだ時に、Ｃ男とその仲間

たちをスマホで呼び出して紹介しました。Ｃ男の仲間はサッカー部が多かったので、もともとバスケットが好きだったＡ子と話が合わなかったようです。Ａ子は最後のほうでは不機嫌そうにうつむいてスマホの世界に集中していました。ところが、

（せっかく紹介してあげているのに……）

と、Ｂ子はＡ子の様子が気に入らず、その勢いで、Ａ子のアカウントをＣ男の仲間に伝えてしまったのです。その後、Ａ子の噂がSNS上で面白おかしく流れるようになりました。

2　SNS上での拡散

　まもなくＡ子は、SNS上で、自分のことについて、事実無根の話が書かれていることを見て驚きました。また恐怖も感じたようでした。

すぐにＢ子に問いただしたところ、Ｃ男の仲間にアカウントを伝えたということを白状しました。ただ、

　「誰が書き込んでいるのかはわからないよ」

と言いました。Ａ子は怒って、

　「これまでＢ子の話に付き合ってあげたけれど、もういいかげんにしてよ」

と言って、Ｂ子が話した内容を女子バスケット部のグループラインに流す行動に出ます。さらにＡ子は、自分が被害者であることを養護教諭に訴えました。一方のＢ子も、Ｃ男との痴話が晒されたことを養護教諭に訴え、Ｃ男には、

　「なぜネット上に書き込むようなことをしたのよ」

となじりました。

　さらにグループラインにＣ男の交際を書き込まれたと知ったＢ子の保護者が激怒し、警察に訴えると言い出しました。

　養護教諭が事の顛末を、Ａ子とＢ子のクラス担任と部活動顧問に報告しました。教員で分担してＡ子とＢ子を別室に呼んで聴き取りを開始しました。Ａ子は、

　「自分はあることないことをツイッターに書かれた被害者で、これはＢ子のいじめです。だから、グループラインに流したのは正当防衛です」

と主張しました。一方のＢ子は、

　「親切心でＣ男の仲間を紹介したので、悪いのはその仲間たちで自分は悪くないです。ツイッターの書き込みも誰かわからないし、自分の責任ではないです。Ｃ男との仲を流出させことは、Ａ子の犯罪行為です」

と主張しました。

　Ａ子とＢ子の双方でSNS上に書き込みをした内容が、彼女たちの知り合いだけでなく保護者にも知られ、仲が良かった二人の間も引き裂かれることになりました。さらに双方とも、自分の非を認めようとはしませんでした。

指導の振り返り

①　事実調べ

　生徒指導部では、Ａ子、Ｂ子、Ｃ男から聴き取りを行うことにしました。目的はSNSトラブルとして、各自がネット上でどのような行為をしたのかを確認するためでした。教員は削除されていることも念頭におきながら、本人たちから同意を得て閲覧しました。

　Ａ子は、

　「Ｂ子とは仲が良かったけれども、Ｂ子が毎回Ｃ男とのことを自慢げに話すことに嫌気がさしてました。それでも他に連れあう友だちもいなかったので、惰性で付き合っているような感じでした」

と話しました。グループラインで情報を暴露したことについては、

　「いくら友だちでも勝手にアカウントを伝えることは悪いことだし、そのことをただ怒るだけですませたくなかったからです。これまでのＢ子とＣ男の話を聞かされたことについて自分が嫌な思いをしてきたことを、皆に知ってほしかったんです」

と言いました。そして担任にも伝えたように頑なに主張しました。

　「自分は一切悪くなく、悪いのはＢ子です」

　他方のＢ子は、

　「Ｃ男との関係をＡ子に話してきたことが、それほど嫌がられているとは気づきませんでした」

と言い、

　「Ａ子にも彼氏がいたらグループ交際になっていいかなと思いました」

と、素直に話をしてくれました。無断でアカウントを伝えてしまったことについても、自分に非があることを認めました。

　C男は、つきあっているB子が、A子に交際の詳しい様子を話していたことに驚いていました。そして、

　「A子とB子は仲がいいからと気軽に考えて、A子のアカウントを自分の部活動や他の部活動の仲間に伝えました」

と話し、書き込んでいるのはその連中であることを認めました。

　これらの情報を生徒指導部と共有し、教頭から校長に報告しました。

② 指導案の決定

　3人から聴き取った情報を突き合せた後、生徒指導部ではネット上に載せた行為について、指導方針の原案を協議しました。

　A子はあくまで自分は被害者であると主張していますが、やはりグループライン上で他人のプライバシーを暴露した行為は、指導の対象になるだろうという見解でした。

　B子とC男がA子のアカウントを無断で伝えたことは、個人情報流出であることから、これも指導対象としました。しかしながらC男はA子とB子の関係が良好であると判断していたので、B子への指導とは差をつけてもいいのではという意見が出ました。

　そこでA子とB子は家庭もしくは登校謹慎とし、C男は校長訓戒という指導方針が固まりました。なお、B子の親が激怒していることから、その指導方針をしっかり説明するということが確認されました。

　翌日、臨時職員会議を開き、ここで3人の生徒指導原案が出されました。SNSは人間関係を簡単に他人に暴露するような場ではないことから、その扱いについて改めて指導していく旨の確認がなされました。また、A子とB子の双方の母親とも在宅で子どもと終日向き合えることから、自宅で行動日誌と反省文を課し、その後は登校謹慎として、学習課題に取り組みながら多くの生徒指導部の教員に話をしてもらいました。

③ 指導の実際

　3人に対しては保護者同伴のもと、時間差をつけて呼び出しました。ここでは、あらかじめ生徒指導部長が事実確認をした上で、校長の指導を仰ぐ流れでした。

　最初にB子への指導の申し渡しをしたとき、B子自身かなり反省している態度でした。B子の父親も、娘がC男と奔放な付き合いをしてきたことがわかったことで、当初「警察に訴える」と激怒していたことが嘘のように恐縮した様子で聞いていました。

　C男は、SNS上で仲間がA子に関する書き込みをしたとはいえ、あまりにその内容が酷いものであったことから、アカウントを本人の了承なしに伝えることへの罪を感じたようでした。

　ところが、A子は最後まで納得しません。

　「なぜ自分が指導の対象になるんですか。自分はあくまで被害者です。それをわかってもらうためにSNSで訴えたんです。反省文は書く意味がわかりません」

と、生徒指導部長に食ってかかりました。立ち会っていた担任や他の生徒指導部の担当者が話をしても、最後までその姿勢を崩しませんでした。そのため当日の校長指導はできず、改めて出直すこととなりました。

　このことを踏まえ、管理職と教員で再度協議した末、SNSの個人情報流出に絞って指導をすることにしました。

　翌日、改めて来校したA子に、事前確認をした際、教頭から、

　「どんな事情があるにせよ、個人情報をSNSで流す行為は認められないんだよ」

と丁寧に言い聞かせ、その後、校長指導を仰ぎました。

　校長は、今までの高校生活を振り返る中で、SNSの行為をもう一度自省し、これからの生活を考える時間を与える、という申し渡しをしました。こうして謹慎指導を継続させることになりました。

課題解決に導く基礎知識

1 SNS トラブル

　紹介した SNS トラブルは、近年の生徒指導の主流となっています。スマホによる盗撮問題、本人の了解をえないままの SNS 上での画像や動画の流出、リベンジポルノに繋がる画像や動画の流出など、様々な形で拡散や保持がされています。これらは普段の日常生活の水面下で行われることから、学校現場ではなかなか指導に上がってこない事案です。

　事例は、関係する生徒が被害者にも加害者にもなる典型例です。ネット上のトラブルが発生した場合、まずは関係する生徒の言い分を十分に聴き、正確な事実確認を行います。その上で調査結果と今後の指導方針を保護者にも伝えて、協力を求めます。関係者が理解・納得できる適切な指導を行うことが重要です。

　誹謗・中傷の削除を行うための手順は以下のようになります。
①内容の確認をします。
②掲示板の管理者等などに削除を依頼します。
③掲示板の管理者等が削除しない場合や連絡先が不明の場合は、プロバイダ（サーバーの管理者・運営者、掲示板管理者など）に削除依頼をします。プロバイダが発信者を開示しない場合は、「特定電気通信役務提供者の損害賠償責任の制限及び発信者情報の開示に関する法律」に基づき、プロバイダに発信者情報などの開示を求めることができます。プロバイダは、情報の流通によって他人の権利が侵害されているという事実を知らなければ賠償責任を負わない（プロバイダ責任制限法第3条第1項）とされていますので、当事者からの依頼に基づき情報を非公開又は削除しなければなりません。

　法務局に相談すると、インターネット上の書き込みによる人権侵害に

ついて、削除依頼等の具体的な方法を助言してくれます。また、総務省
では2009年 8 月から事業として、違法・有害情報相談センターを設置、
運営していますので、プロバイダー等への削除依頼が可能です。関連機
関と連携を図り、問題解決を目指します（本書34頁の図 2 参照）。

　これらの流れを踏まえ、スクールロイヤーや警察などの専門家の見解
を加えた対応の方針を示し、生徒や保護者に選択させます。

2　強いこだわりのある生徒への指導

　今回のケースの場合、Ａ子がネットトラブルに遭い、仕返しとして誹
謗中傷を書き込んだので、単に「加害者」と決めつけずに背景を丁寧に
調べました。

　Ａ子は最後まで、自分は被害者であって悪くないとグループラインで
の情報公開を正当化していました。

　担任の話では、普段はおとなしいものの、他人との折り合いをつける
のが苦手で、ときおり主張を押し通そうとするところがあり、それは、
まだ精神年齢が幼いからだろうと考えていたようです。しかし、校長指
導で自省を促された後、担任に自省する意味がわからないと伝えたり、
毎日の反省文にも同様の記載があったりして、指導解除後も学校批判を
繰り返したということでした。ただ、保護者は学校の指導方針に文句を
言うことはありませんでした。

　このような生徒の場合、担任はＡ子の言い分を聴きながらも、長期的
視点に基づき、内省することの大切さを理解させる指導が求められます。
また、最初に相談の窓口となった養護教諭や、Ｂ子・Ｃ男の担任とも、
生徒や保護者の様子を共有しておきます。また、担任団は、クラス分け
にも配慮し、展開授業などで合同クラスにならざるを得ない場合は、教
科担当者に事前に説明をしておきます。

　しかし、これでは根本的な解決にはなりません。卒業後も地元で暮ら

す以上、関係者にとってこの一件が忘れ去られることはないからです。どこかで心のけじめをつけさせる場面がないか、修復的な対話を模索することも考えておく必要があります。修復的対話とは、「問題が生じる前の状態にまで戻るということや、日常生活が大過なく過ごせる段階まで戻るということ」(山下、2010) です。これは、ネイティブアメリカンやカナダの先住民であるファーストネーション、またはハワイ先住民やマオリ族の問題解決法で、すべての関係者が集まって、祈り、互いをリスペクトする姿勢で、一緒に会食するというものです。1対1で向かい合うのではなく、関わった者同士が自分の行為によって他者に影響を与えていたことを確認する場にもなるのです。

　これを学校現場に転用するならば、例えば、卒業式間際にA子やB子の意思確認をして、今まで伝えきれなかった思いを手紙に書いて、彼女たちが信頼をよせる養護教諭が目を通し、それを相互に渡す方法や、関係した生徒を集めて簡単な茶話会を開くことも考えられるでしょう。

　指導を終えた教員にこのようなことを求めるのは大変です。しかし、関係した生徒は、進級後に新たな人間関係を作り、進路実現に向けて精神的に大きく成長していく時期があります。それを見守り、壊れた人間関係を修復するための方法を示すことは、これからのA子たちの生き方に寄与すると思われます。

3　教科教育や特別活動を通した未然防止教育

　『生徒指導提要』では、インターネット問題の未然防止として、教育課程全体（情報、家庭科・技術家庭科、道徳科、特別活動等）を横断した情報モラル教育をすべきだとしています。また、児童会、生徒会など、学級活動やホームルーム活動等で議論しながら、主体的にルールを定める機会を設けることで、ルールを遵守する重要性を自覚させることになるとしています (11.3.2)。

なお、SNS が誰とでもつながり、書き込みができる以上、どのような罪に問われるのか、すべての生徒に理解させておく必要があるでしょう。一般社会ならば、名誉毀損罪 (刑法230条)、侮辱罪（刑法231条）、脅迫罪（刑法222条）、信用毀損及び業務妨害罪（刑法第233条）、偽計業務妨害罪（刑法第233条）、威力業務妨害罪等（刑法第234条）が挙げられます。

参考文献
梅澤秀監・黒岩哲彦（2019）『教育と法の狭間で～法的アドバイスをもとにした実際の生徒指導事例60～』学事出版、p.80
引用文献
山下栄三郎（2010）『いじめ・損なわれた関係を築きなおす　修復的対話というアプローチ』学苑社、p.72

Chapter 2

·············

虐待

Case5

二人だけの卒業式
（中学生）
• • • • • • • • • • • • • • • • • •

〈事例〉

1　止まらない肩パン事件

　私がいた市立中学校は、同じ市内に DV で逃げてきた家族用の施設があった関係で、全国から転校生がやってきました。

　1回目の学年で受け持ったQ男は2年生の時に転校してきました。最初は物静かな生徒でしたが、変声期を迎え、体格がよくなると、グループのリーダーとなっていきました。そのグループが、音楽の授業を真面目に受けなかったり、技術の工具を乱暴に扱ったりしているという報告を聞いて、私はその指導に難渋していました。大多数の生徒は、地元言葉を使わないこのグループに対して「よそ者」という意識があって、積極的に関与しない態度を取っていました。

　中3の6月の休み時間のことでした。Q男を含む男子4人グループが、鬼ごっこで捕まったらグーで相手の肩をパンチする、いわゆる「肩パン」でふざけていました。仲間内だけの行為であって他のグループにはしないということが特徴で、学生服の上からするので後は残りません。

　実は、そのグループの中のうち、2人が虐待を受けていた生徒でした。Q男は父親から DV、R男はネグレクトを受けている生徒だったのです。

　主に肩パンをしたのはQ男です。鬼ごっこで鬼役のQ男から逃げていたR男が捕まってしまいました。彼らの「お約束」で、Q男がR男に肩パンをしたとき、R男は捕まったくやしさから、瞬間体をひねってパン

チを避けました。すると、Ｑ男は「なんだよ」と言いながら、再度肩を狙って一撃を入れました。そうしたら、一発で終わるどころか連打で止まらなくなりました。

　後に、教員に取り押さえられて、落ち着きを取り戻したＱ男は、

　「オヤジにやられた時はこんなもんじゃなかった」

と言いました。

　その後、Ｑ男とＲ男はあっさりと仲を修復しました。

2　授業妨害や備品の破壊行動

　高校受験が近づいてきた放課後、家庭科室の掃除担当の生徒が、スチール製の椅子が変に広がっている、と担任の私に知らせてきました。私は現物を見て管理職に伝え、管理職が家庭科の講師に連絡を入れて事

情を聞きました。その日は2時間続きで、後半開始に家庭科室の内側から施錠されてしまい、廊下に居た講師はしばらく入れなかったというのです。

　学年の先生方と一緒にＱ男たちを呼んで指導をしましたが、十分な反省には至りませんでした。講師の先生は、

　「授業妨害されて注意すると、暴言に近い言葉を言い返されます。これでは安心して授業ができません」

と、怒って辞めてしまいました。後任がなかなか決まらず、その間の課題準備や自習監督の割り当て、休み時間の巡回などで、私も、そして協力してくれる学年の担任の先生方も疲弊していきました。

　昼休み、給食で出た中玉のトマトが廊下の防火扉に投げつけられて汁が飛び散っているのを、巡回中の教員が発見しました。傍にいたＱ男とＲ男に問いただすと、

　「それ、うちらじゃねぇし。たまたま落ちてたんだよ」

と、認めません。私はいくら話しても心がつながらない無念さから眠れなくなり、通院するようになりました。Ｑ男とＲ男は倍率の極めて低い公立高校にそれぞれ合格しました。

3　二人で第二卒業式

　卒業式の前日は大雨でした。廊下の天井に傘で突いた痕があると、用務主事の方から連絡があり、卒業式の練習をさぼっていたＱ男とＲ男が遊んでいてやったと確認できました。次に何かトラブルがあったら、卒業式には出さない、と双方の母親に連絡した上での出来事でした。

　明日の卒業式を無事に執り行うため、校長判断で、二人は午後から校長室で第二卒業式をすることに決まりました。

指導の振り返り

❶ DVを受けた子どもの様子

　この市内にはDVから緊急避難するシェルター施設があり、どの学級にも複数その施設に関わる生徒がいました。

　DVを受けている子の在籍管理は学級担任の大きな仕事でした。緊急避難のため、教科書など持ってこないままの生徒がほとんどでした。出身校との情報共有もできませんし、指導要録の写しが後付になることもよくありました。保護者と話をしなければならない場合、施設の職員の方が間に入ることになっていました。

　クラスの生徒への紹介時は名前だけです。本名もわからないので、当初は紙の出席簿の最後の欄に鉛筆書きで氏名を書きます。急に転出することもあるので、もうほとんどその子はいないものとして考えます。

　そのシェルターは一時保護の施設です。数か月以内に転居して新しい生活を始めたい母子の場合、もちろんすべてがそうだとは断言できないのですが、友だちを作らない生徒が多かったように思います。

　地元の一般の生徒は、そういった環境らしき転入生がいた時には遠慮して深入りはしないということを、小学校の時点から習得しているようでした。

　学級経営は、当然配慮することが多い上に、まとまった集団活動ができないため行事を渋る生徒が多くて、いつも私が怒っていた記憶があります。

❷ 殴られても仲良しのQ男とR男

　Q男とR男とは2年生の時に転校してきました。母子で施設を出てからは、学区内に住んでいました。どちらもおとなしく目立たない生徒でしたが、実は父親からDVを受けてきた傷を持っています。

　Q男の母親が同席して、学年指導を行った時、なぜ同じ仲間のR男をボコボコに殴ったのかと尋ねたら、

「最初はふざけていたんですが、途中から止まらなくなってしまいました。親父にやられた時はこんなもんじゃなかったし……」

と、言い訳をしました。

「それを友だちにやるのは違うだろう」

と、私は諭しましたが、加減がわからなくなってしまうほど父親から受けた暴力の影響の深さを思い知りました。Q男の母親は、

「本当に申し訳ないです。Q男は私の都合で（逃げてきた経緯があるので）小学校や前の中学の友だちがいません。R男くんとはこの中学で友だちになってもらって、家にも遊びに来てくれます。これからも仲良くしてください」

と、息子とともに謝罪しました。殴られたR男の母親も、

「うちの子も遊びの延長でやっていたみたいですから、もう気にしてません」

と、さほど深刻に考えていませんでした。

　二人はその後あっさりと和解しました。R男は他のグループにはいかず、そのままQ男と普通に関わっていました。似たような環境に育ってきた者同士、話が合う関係だったということなのかもしれません。

❸ 学校を壊そうとするエネルギー

　内申点が決まる3年の2学期のことでした。Q男とR男は次第に同じ日に欠席するようになっていきました。学校に来ている時は、主要科目である私の授業ではおとなしくしていますが、講師の授業では推薦が

早々決まった生徒と一緒になって規律を乱しているというのです。学年集会を開いて生徒全員に学習態度の話をした放課後に、学年主任とともに、Q男とR男を呼んで、

「これからはちゃんとやります」

と約束させました。その矢先に、家庭科室での椅子破壊や施錠などの行為が発覚したのです。再度呼び出した時は、

「つまらない授業を受けて、注意されて、学校のルールにいちいち従うのがイライラする」

と、今度は非を認めず、講師の授業の批判を繰り返すばかりでした。

別室指導で呼び出しても無断で下校してしまうので、家庭に連絡を取ると、最近は家でも反発ばかりしするので、怖くてあまり強く言えないとのことでした。きちんとした指導や反省文を書かせるのに時間がかかり、講師に謝罪する前に、講師が辞めてしまったのは、私には大打撃でした。

そして、後任が決まるまでの授業の手当てや校内巡回などを行う最中、新たにQ男とR男の「トマト事件」が発覚しました。

私は雑巾でトマトを拭きとりながら、

（俺、何やってんだろう）

と、他人事のように感じていました。その晩から寝付けなくなり、ひそかに市外の診療内科に通院することにしました。

二人の授業妨害や器物破損などの一連の行動について、他の生徒への影響も看過できないことから、校長は出席停止を視野に入れて検討しましたが、どちらの母親も仕事をしていて自宅での監督が望めないことや、日ごろからQ男とR男が家を行き来している関係上、難しいと判断しました。

私は、本人たちと保護者の前で、

「高校の進学先を考え、面倒を見てきたのに、学校の施設を壊すような、または汚すような行動が別の形を変えてでも起った場合は、学年と

して卒業式に出させないようお願いするつもりです」
と、力を振り絞って言い切りました。

④　雨の日の破壊行為

　Q男とR男が卒業式前日の「旅立ちの日に」の練習中、休み時間に抜け出して天井を傘で突いていました。ふざけて歌ったのを、先生に注意されたので腹立たしかったというのです。現場を目撃した用務主事から報告を聞いた時、私はさすがにその日の天候を恨みました。

　体育館に紅白幕が張られ、正門玄関に受付の準備が整えられたその日の夜、管理職と学年団は協議をして、第二卒業式をすることに決めました。

　電話で連絡した母親たちは、特に反論はしませんでした。

　翌日、午後の第二卒業式は校長室で粛々と行いました。Q男とR男の態度を見て、私は、クラスの生徒と一緒に卒業したいという気持ちが育っていなかったのかもしれない、と思いました。

課題解決に導く基礎知識

1　被虐待児童生徒が転入してきた場合の日常的な配慮

　『生徒指導提要』によれば、「児童虐待への対応は、虐待を受けた経験が後に被害児童生徒の人生に多大な悪影響を及ぼすことがあり得ることから、被害児童生徒の自立を支援することまでが目的」となると書かれています（第7章児童虐待留意点）。また、「虐待が生じる家族には、医療、教育、福祉など、多様な問題が複合していることが多いため」多機関での支援が必要となるが、「多機関で連携するには、個人情報や守秘義務などが課題となる」としています（7.1.4）。その際には要保護児童対策地域協議会が、「児童福祉法」第25条の3第1項により、関係機関に資料や情報の提供を求めることができます。

　この事例は、それに加えて、断続的にシェルターを利用する家族の子どもが転入学をしてくるので、担任は様々な配慮を求められているようです。

　例えば、特にSNS等で生徒間の情報がやり取できるようになってからは、生徒の個人情報が外部に流失する可能性がありますから、自己紹介も名前だけで、どこから来たかは言わなくていいことにしたり、運動会の写真で顔が映りこんでいないか、卒業アルバムの掲載はどうするかなど、一人ひとりに慎重に対応します。宿泊行事など集団で活動しなくてはいけないような場合にも、HPでアップする情報は十分に気を付けます。

2　〈母子密着型〉と〈母子反発型〉の不登校傾向

　被虐待児童生徒たちのクラスで長年担任をしてきた方の話によると、母と子の力関係に2パターンの傾向があるようです。

〈母子密着型〉の不登校傾向

　暴力から逃げてきた経緯から、他者を恐れて、自分の殻に閉じ籠りがちです。積極的に話しかけても、多くを語りたがりません。特別に生徒同士でトラブルとか問題が起きることはあまりありません。友だちづきあいをしようと隣の生徒が声をかけても、その視線が怖くて、休みがちになり、施設から出たがらない場合もあります。

　多くの場合は父親に暴力を振るわれていたので、母親と離れたくない気持ちを持っています。入所して施設から通っているので、この中学校は別の地域に転出していくまでの一時的な場所という意識だったのでしょう。クラスの行事などは積極的に参加したがりませんでした。

〈母子反発型〉の不登校傾向

　これは、もともと住んでいたところに友だちもいるのに、無理矢理、その土地から離れて生活することに納得できない生徒です。

　母親は、親の都合で転校させてすまないと思い、子どもに対して負い目を感じています。その感情を引きずって、思春期になると母子間がギクシャクしてきます。また転校は嫌だから、この学校で卒業したい、と地元に住み、転入した学校に居続けます。やがて家庭にいろいろな子が遊びに来ます。地元の友だちができて母親は嬉しいですから、たまり場と化して学校を休んでも強く言えません。

　家庭内では親がモラルを超えているので、中学生くらいになると、納得できないことに反発心が湧き上がってきます。学校のきまりは父性的なものですから、ルールを受け入れることよりも、それに対して激しく反抗して憎悪します。そして、自分のルールを優先しがちになります。自分が楽しいこととか、こうやりたいんだということを先に出して、担任の先生や友だちとトラブルを起こしたりします。

　Q男やR男は、このタイプに属すると考えられます。

3　孤立する生徒の真の居場所とは

　これらの子どもたちは大人の事情で、小学校や中学校の豊かな人間関係を結ぶことが許されませんでした。しかし、心のどこかには新天地で周りの子と繋がりたいという気持ちを持っています。

　日本は全国的に標準化しているとはいえ、まだまだ地方差のある地域がたくさんあります。ですから、クラス担任は、4月の始業式の日に、新しい友だちを気持ちよく受け入れるような学級方針を示しましょう。方言やイントネーションを嗤ったり、仲間外れにしたたりするような雰囲気の学級にはさせない、といった常日頃の指導が望まれます。

　また、学校行事を通して集団の一体感を醸成させていきます。その際には、生徒同士が企画して、目標を設定し、自分たちが主体的に運営するという意識を育成させてください。卒業式の練習をするにしても、教員から「させられている」感が湧き上がると、エスケープしたくなるものです。一方、学校や教員に反抗する生徒も、同じ年の生徒に対してはそれほどの反発心は持ちにくいのです。

　加えて、学校の部活動でしっかり汗をかく体験をさせましょう。ただし、勝利至上主義の部活動で、顧問からも部員たちからも異端者扱いされると、周囲から「いないほうがいい」と思われることに敏感な生徒は、そこでは居場所が作れないかもしれません。

　家族の根をもぎ取られた生徒が、学校生活でさまざまなトラブルを起こすことがあった場合、担任をはじめ、教員集団は、目先の出来事に翻弄されるのではなく、『生徒指導提要』に記された生徒指導の定義や目的を確認し、この生徒の未来に向けて教育力を結束してほしいと思います。

Case6

父親からの虐待
（中学生）

〈事例〉

1　部活動合宿の食事場面から虐待を疑う

　中学2年生のK男はこれまで無遅刻無欠席、授業中や学校生活における態度全般も非常にまじめで控えめな生徒です。成績も安定しており、剣道部の活動にも休まず参加していました。父親が剣道経験者であることから、K男も幼い頃から剣道を始めていました。

　夏休みの合宿中、部活動の指導で参加した大学生のコーチがK男の体格が小柄で痩せていることに気づきました。そのことを聞いた顧問は注意深くK男を見守っていました。すると、合宿先の食事で、人目を気にせず必死で食べているK男の姿がありました。

　合宿を終え、学校での練習が再開されると、顧問はK男の稽古の様子が気になって声をかけました。するとK男は、合宿の1週間で体重が4キロも増えたが、帰ってからは体重が元に戻ったと話しました。そこで顧問が家庭での食事について聞くと、連日激しい練習をしているにもかかわらず、3食しっかり食べていないことが分かりました。

　「1回の食事は小さなおにぎりを2つ程度です。お母さんはあまり料理が得意ではないので」
とK男が言いました。それ以外で家庭内の困りごとはないかと尋ねたところ、
　「……お父さんに腹パンされることがあります。家を出たいけど、大

ごとにはしたくないです。先生、親には言わないでください」
と打ち明けました。

2　重大なケガをしても受診させない

　ある日、K男が部活動中に膝を強く捻り、立ち上がれなくなりました。
顧問の連絡で養護教諭が駆け付けると、痛みが相当強かったためかK男
は静かに涙を流していました。
　「今の膝の痛みは、これまでに経験のある痛みかな」
と、養護教諭が尋ねると、K男は首を横に振りました。膝の負傷は、所
見から靭帯損傷が疑われました。養護教諭も顧問も受診が必要と判断し
ました。ところがK男は、
　「受診はできないです」

と、不安げに言うのです。実は、今までも部活動の負傷があったのですが、受診せずに練習に参加していたのでした。

　そこで、養護教諭から第一連絡先になっている母親に電話をかけ、負傷時の状況を説明し、本人がとても痛がっていることから受診が必要であると話しました。すると母親からは、

　「ご対応ありがとうございます。それでは主人と学校まで迎えに行きます」

と丁寧な答えが返ってきました。

　顧問と養護教諭は、迎えの車が到着する頃に、Ｋ男の乗った車椅子を押して学校前の道路まで行くと、工務店の社名が入っている車がすでに停まっていました。

　出てきた母親に、学校の保険を使って受診するよう直接依頼しました。ところが先ほどの電話とは違い、その場では「様子をみます」という返事しかもらえませんでした。父親は車内の運転席にいたままでしたが、Ｋ男とは違って、がっちりとした体躯であることがわかりました。

　翌日、Ｋ男が膝をテーピングして職員室にやってきました。顧問と事情を知った担任が、受診はできたのか、と尋ねると、

　「お父さんがテーピングを巻いてくれました。受診はしたいけど、怖くて言えませんでした」

と、言いました。そこで、担任から家庭へ連絡を入れ、整形外科の受診を依頼したのですが、結局受診させることはしませんでした。

　その２週間後、学校行事でマラソン大会が開催されます。膝の状態がよくならない中、Ｋ男は保健室に来て、マラソン大会の練習だ、と父親に走らされることがあったと話しました。

指導の振り返り

❶ 児童相談所への通報

　顧問は、以前からケガをしても受診させていなかったことに加え、合宿後にK男から家庭での食事の内容や父親から手が出ると聞いて、これは虐待にあたるのではないか、と考えました。

　そこで、顧問はすぐにK男の担任に確認しました。担任は個人面談で、K男が父親を恐れていることと、本人が望んでも病院へは行かせてもらえない家庭状況を把握していました。しかし、この件が学年で共有されていないと分かったので、夏休み中でしたが、この学年主任をメンバーとする校内委員会を招集したのです。

　管理職は、顧問からK男の家庭での様子と、K男本人の思いや希望を丁寧に聴きとった上で、K男の居住地区の児童相談所に連絡を入れることにしました。

　K男は「大ごとにしたくない」と強く顧問に伝えています。また管理職も、児童相談所が家庭にアプローチすることによってK男に不利益があってはならないと考え、保護者には内密だという点を児童相談所に念押ししました。

　顧問は児童相談所への通報と同時期に、部活動関連で知り合いの地元の警察官にも連絡を入れました。そして、K男の家庭の近辺を巡回してもらえることになりました。

　顧問は練習を見学しているK男に対して、

　「何か困ったことがあれば、いつでも私か担任か、誰か学校の教員に

伝えなさい」

と、話しました。

② 校内での情報共有

　顧問がK男の家庭の様子を把握したのは合宿中でした。また、顧問は養護教諭に、

「心身が不安定になり、保健室を利用するかもしれないので、知っておいてほしい」

と、連絡をしました。

　養護教諭は話を聞いて、

「K男はF先生（顧問）を信頼しているようなので、F先生からスクールカウンセラーの面談を勧めてみてはどうでしょうか。その分、K男が来室したら、私から積極的に声かけはせず、見守りたいと思います」

と、提案しました。

　顧問はすぐにK男にカウンセリングを勧めました。が、K男は一向に相談にやってきませんでした。

　そこで養護教諭が顧問に

「相談にきませんが、どんな様子ですか」

と、尋ねました。顧問は

「相変わらず食事は少ないようですが、暴力は最近はないようです」

と、K男から聞いたことを報告しました。

　K男は顧問や担任によく話をしていたので、それ以上はカウンセリングを強く勧めませんでした。このようにして教員間で情報を共有していました。

❸ 学校での見守りと家庭へのアプローチ

　K男が部活動中に膝を負傷した時、養護教諭が見立てたところでは重症だと思われました。迎えに来た保護者に対して、養護教諭および顧問からケガをした状況の説明と、受診が望ましいことを伝えました。医療機関の受診が必要かを判断する際に、養護教諭は本人や保護者の希望を尋ねることがあります。この件では、保護者が受診を認めなかったことや、K男本人が受診希望を保護者に知られるのを恐れていることから、保護者への対応は慎重に行いました。

　校内委員会での方針としては、K男への面談を踏まえ、K男が家を出る（施設に入る）意思がない以上、家庭内で居心地を悪くすることだけは避けて様子を見ようということになりました。

　2学期が始まると、担任や顧問はK男に部活動や体育の授業で別メニューを用意したり、校内を移動する際にエレベーター使用を勧めたりして、少しでも負担を軽くするような配慮をしました。

　しかし、本人が周りの友人と同じ行動を希望した際は、その希望を優先するなど、本人が選択できる場面を多く作りました。友人関係は非常に良好だったので、K男の意思を大切にしたいと考えたからです。

　膝の状態がよくならない中で、マラソン大会の季節になりました。事前の健康調査には膝の負傷の件が書かれていたものの、「学校医に相談したいことや心配なこと」の欄は「なし」と回答されていました。

　養護教諭がK男を呼んで事情を尋ねると、健康調査はK男に相談なく保護者が記入したとのことでした。K男に確認すると、学校医との健康相談で診てもらいたいとのことでした。ただ、その時に

　「家には連絡がいくのですか」

と不安そうに尋ねてきたので、

　「K男さんに、今の状況を知ってもらうための健康相談だよ。保護者の方に伝えてほしくないなら言わないので受診してほしいな」

と言いました。

学校医との健康相談の日に、K男は緊張した表情でやって来ました。日ごろからかばっている膝の状態を診た学校医は、

　「とても状態がよくないから、一度整形外科に行ってレントゲンを撮ってもらった方がいいな。マラソンも、走るのはやめておこう」

と言うと、K男は、

　「今日も練習だと言ってお父さんに走らされました。痛いです」

と涙ながらに話しました。

　この場に立ち会っていた養護教諭は、健康相談の内容を担任と顧問にすぐに伝えました。けれどもK男本人は

　「走るのは無理だけど、参加したいです」

と希望したため、皆と同じコースを、担任と一緒に歩くことになりました。

　当日は、コース半分の距離を進むことができ、とても嬉しそうな表情をしていました。K男はその後も欠席や遅刻をせずに登校しています。

課題解決に導く基礎知識

1 虐待に関する法律

　「児童虐待の防止等に関する法律」（以下、「児童虐待防止法」）では「児童虐待が児童の人権を著しく侵害し、その心身の成長及び人格の形成に重大な影響を与えるとともに、我が国における将来の世代の育成にも懸念を及ぼす」と危惧しています（1条）。

　この法律における**虐待の定義**は4つです（2条）。

①**身体的虐待**「児童の身体に外傷が生じ、又は生じるおそれのある暴行を加えること」

　事例の父親は暴力を振るうことがしばしばあり、身体的虐待に当たります。

②**性的虐待**「児童にわいせつな行為をすること又は児童をしてわいせつな行為をさせること」

③**ネグレクト**「児童の心身の正常な発達を妨げるような著しい減食又は長時間の放置、保護者以外の同居人による前二号又は次号に掲げる行為と同様の行為の放置その他の保護者としての監護を著しく怠ること」

　K男が部活動で激しく運動をしていることを知っていながら、十分な食事を与えていないことや、医療の機会を適切に与えない等はネグレクトに当たります。

④**心理的虐待**「児童に対する著しい暴言又は著しく拒絶的な反応、児童が同居する家庭における配偶者に対する暴力（配偶者（婚姻の届出をしていないが、事実上婚姻関係と同様の事情にある者を含む。）の身体に対する不法な攻撃であって生命又は身体に危害を及ぼすもの及びこれに準ずる心身に有害な影響を及ぼす言動をいう。）その他の児童に著しい心理的外傷を与える言動を行うこと」

K男が父親の一方的で高圧的な言動に恐怖を感じていることは、心理的虐待に当たります。

2　虐待の発見と教職員の役割

　「児童虐待防止法」は2004（平成16）年の改正で、通告が必要な要件について、「虐待を受けた児童」から「児童虐待を受けたと思われる児童」に改正されました。さらに、学校、学校の教職員は「児童虐待を発見しやすい立場にあることを自覚し、児童虐待の早期発見に努め」る義務があり（5条）、仮に確証がなくても福祉事務所や児童相談所に通報しなればならないこと（6条）定められました。それは守秘義務に違反しません。また、2022（令和4）年の「児童福祉法」の改正で、市区町村は「子ども家庭センター」の設置によって子どもの総括的な相談支援を行ったり、訪問支援、学校以外の子どもの居場所の支援、親子関係の構築支援などの事業が新設されました（施行は2024年4月）。

　この「子ども家庭センター」との連携では、それぞれの立場や役割を明確にして対応します。学校の窓口は、管理職、もしくは生徒指導主事になることが多いと思います。そのためには、生徒との面談記録が重要になります。

　今回のケースでは、合宿中の様子や練習中のケガが契機となって、生徒の抱えている家庭環境が明らかになりました。

　規律を大切にする運動部の部活動においては、顧問と生徒との関係や部員の上下関係から、自己開示が難しい環境が依然としてあるといわれています。その中でも顧問は丁寧に目をかけつつ、「困ったことがあればいつでも私か担任か、誰か学校の教員に伝えなさい」と、K男が自ら相談相手を選択できるような選択肢を示しています。

3 通告者のストレスをサポートする

　ところで、すでに担任はＫ男から虐待と思われる内容を聞き取っていたにもかかわらず、他の教員や管理職に適切に報告していませんでした。

　担任は面談を通して生徒の家庭状況を把握することができる最も近い存在であるからこそ、自分の経験則と擦り合わせる都度に、倫理的判断や価値観が揺さぶられることになります。子ども好きの教員ほど、虐待に関する「子どもの訴えを通じて、その子が生きざるをえない人間関係の歪みや、悲痛な被虐待体験を共有しなければならなくなる」ので「受けるダメージは大きくなる」との指摘もあります（玉井、2013）。

　また、虐待の通報義務は理解していても、通告後に、生徒との信頼関係が壊れたり、保護者から生徒がさらなる虐待を受けたりしないかと危惧した、あるいは保護者当人との対応時に報復として激しい言葉を浴びるのではないか、といった心理的な葛藤があることも事実ではないでしょうか。

　このように虐待を疑った担任が一人で抱え込んで課題への対応を遅らせないためにも、学校を挙げた組織的な対応が必要です。そして何よりも、教員のオーバーワークによる疲弊感、無力感などへのケア、教科外の仕事で発生するストレスマネジメントの研修、職場の上司や管理職以外の教員を支援する者との自由な対話によって、生徒との距離感を確認したり、指導の熱意からくる思い込みを修正したりすることが可能になります。

　また、『生徒指導提要』では、生徒への課題予防的生徒指導を求めています。例えば、ホームルーム活動で人権教育やアサーションのワーク、道徳などの授業、担任だけでなく、部活動顧問やSCやSSWへの相談などが考えられます。加えて、2020（令和２）年の「児童虐待防止法」改正で、親権者等による体罰禁止についても、保護者会や保護者面談等で周知することが必要となるでしょう。

4 まとめ

　学校教職員に求められる役割は児童虐待の早期発見です。今回は顧問と担任が連携を取り、養護教諭の助言を参考に足並みをそろえていきました。マラソン大会が終われば、10月には進路に関する三者面談が設定されています。K男の父親は剣道をしていたということから、部活動顧問が日ごろの部活動の活動を伝える名目で同席し、担任と一緒に保護者に確認すべき点を聞き出すことも可能です。

　引き続きK男を多くの教員が温かい支援で見守る一方で、緊急時の対応も視野に入れた定期的な会議での情報交換を図ることが大切です。

引用文献
・玉井邦夫（2013）『新版学校現場で役立つ子ども虐待対応のてびき　子どもと親への対応から専門機関との連携まで』明石書店、p.272

参考文献
・梅澤秀監（2020）「教育と法律の狭間で　第106回　虐待が疑われる生徒とその保護者への通報」『月刊生徒指導1月号』学事出版、pp.72-73
・久保健二（2022）『3訂　児童相談所における子ども虐待事案への法的対応　常勤弁護士の視点から』日本加除出版株式会社
・第一東京弁護士会子ども法委員会編（2022）『子どものための法律相談　最新青林法律相談42』青林書院
・バーバラ・ローエンサル著、玉井邦夫監訳、森尾由美訳（2008）『教師のためのガイドブック　子ども虐待とネグレクト』明石書店

Case7

反抗としての万引き
（高校生）

● ● ● ● ● ● ● ● ● ● ● ● ● ● ● ● ● ●

〈事例〉

1　虐待と万引き

　高校1年のS子はボランティア部で、部活の友人との付き合いは良好でした。S子には3人の弟妹がいます。4人の母親は同じですが、現在の父親は2人目です。S子にとって中学3年・小学6年の弟は最初の養父の子どもで、3歳の妹は現在の養父の子どもにあたります。

　現在の養父は運送業に就いています。長距離運転もあり昼夜逆転することがあります。仕事が休みの日にはいつもパチンコに行っています。

　母親はスーパーでパートとして働いていますが、子どもたちに小遣いをほとんど渡すこともできない状況です。祖母が、時折小遣いをあげているようです。

　養父は自分の子どもである一番下の妹を比較的可愛がりますが、あとの3人には怒鳴ってばかりいる状況です。S子が母親に小遣いなどを要求している様子を見ると、S子の髪の毛をつかんだりします。また、S子は下の弟2人をかばって養父に口ごたえするため、母親が割って入って止めています。

　S子が高校2年に進級して間もない5月には、養父はS子が反抗するたびに平手打ちをするようになりました。それはエスカレートする一方で、虐待と言っていいような状況となっていました。

　6月後半の放課後、S子がコンビニエンスストアで万引きをしました。

以前から怪しいと店員からマークされていました。防犯カメラで確認し、
S子を問い詰めると万引きを認めました。

2　児童相談所へ

　コンビニエンスストアの店主は、学校と家庭と双方に連絡しました。
先にS子を引き取りにきた養父が、その場でS子を殴る蹴るの暴行をし
たため、すぐに男性の店員が間に入りましたが、殺されかねない雰囲気
でした。クラス担任と他の担任が後から店に駆けつけ、学校で事情を聴
くことにしました。
　S子は泣きながら、
　「家に帰りたくない」
と言って机に突っ伏していました。

Ｓ子の聴き取りを行っている間、養父は別室に待機していましたが、そのうちに母親も下の妹を連れて来校すると、

「あんな奴は家におけないから児童相談所で世話してもらえ」

と、母親に声を荒げて言いました。

　とりあえず、Ｓ子が落ち着いたところで両親と帰宅させました。

　翌日、生徒指導部の会議が行われ、特別指導の案が出され、家庭状況に鑑みて登校謹慎との原案が出されました。

　次の日の朝に校長から登校謹慎がＳ子に申し渡されました。この日は母親のみが同席しました。

　登校謹慎中、反省日誌と学習課題に取り組むＳ子と教員たちが代わる代わる話をしたところ、Ｓ子の家庭での生活が明らかになってきました。これまで学校側が把握している以上に、Ｓ子は養父からの虐待を受けていたことがわかりました。手には煙草の火を押しつけられてできた火傷の跡がありました。

　指導を真面目に受けたことが認められて、謹慎が解除されたのは夏休み直前でした。休みに入ると、Ｓ子が家にいる時間が長くなるので、養父との関係を心配した母親が児童相談所へ相談を持ちかけたところ、すぐにＳ子は児童相談所へ引き取られることになり、１ヶ月間両親や弟妹と離れて暮らすことになりました。学校は後からこの話を聞き、その事実が分かり次第、県の教育委員会に報告しました。

　学校はこの期間中、児童相談所と連絡をとり、指示を待って静観することにしました。

指導の振り返り

①　事実調べ

　S子の万引き行為について、学校で生徒指導部の担当教員が聴き取りを行いました。一般的に生徒の万引き行為があった場合には、学校関係者が店に謝罪して生徒を引き取り、学校で聴き取りを行います。その上で保護者を呼ぶ流れの予定でしたが、すでに店で養父が騒ぎ立てていたことから、まずは学校へ案内し、そこで別の部屋で待機してもらうことにしました。

　生徒指導部の教員がS子から聴き取りをしている間、養父には生徒指導部長が対応しましたが、

　「日ごろの学校の指導がなっていないからS子がこういう奴になってしまうんだよ」

と、恫喝まがいの言葉でクレームをつけていました。

　S子は、

　「万引き行為は悪いこととは思います。でも、自分だけろくに小遣いもないと、友人たちが羨ましくて。自分の家庭を呪いたい思いがする……」

と吐露し、

　「でも弟や妹たちは可愛いから、家庭の中では自分が犠牲になるしかないです。ふと死にたくなる時があるんです」

と語りました。

　後からS子を引き取りに来た母親は、終始おとなしく黙っていました。

② 指導の実際

　S子に登校謹慎をさせ、教員が交代でいろいろと話を聴くことによって、学校はこれまで以上にS子の家庭環境を把握することができました。

　S子の家では祖母も同居していました。S子の母親の実母です。母親も母子家庭で育ち、養父から虐待を受けた過去がありました。そのため、母親が中学生の時に離婚して、母一人子一人の生活になったようです。

　やがてS子の母親は結婚し、S子を含めて3人を産みましたが、夫が浮気相手の女性のもとに走ったため、S子が小学5年生の時に離婚しました。離婚後は実母と共に子どもたちを育てていましたが、S子が中学2年の時に現在の夫と再婚して、新たに女の子が生まれました。

　担任も出身中学校から得た情報を突き合わせ、弟たちが通う学校にも問い合わせをしました。すると、それぞれの中学校や小学校でトラブルを起こしていることもわかってきました。

　登校謹慎中、S子には反省文や日誌を書かせることを課しました。学力は真ん中よりやや上でしたので学習課題はよくできました。しかし実際は上記のような教員の面談を主として過ごさせました。

　期間内の反省が顕著だったので、校長から謹慎解除が申し渡され、再び通常の学校生活に戻ることができました。ところが、S子の表情は晴れ晴れとした顔つきにはならず、時折思いつめたような顔をするのを担任は気になっていました。家庭では祖母も母親も養父を恐れる構図となっており、相変わらずS子を支えてくれる家庭のキーパーソンが見つからない状況でした。

　担任を含めて学校として見守ることしかできないもどかしさを感じる中、夏休みに入るや、母親が児童相談所に連絡をしたのでした。夏休み中には入所していたので、ボランティア部の活動ができなくなってしまいましたが、秋に自宅に戻ってからは、週末に開催される福祉分野のイベントに部員ととして参加しました。家庭以外の環境に触れ、異年齢の方と交流することで、高校生らしい笑顔を見せるようになってきました。

❸ 事例に関する考察

　これまでの生徒指導の中で、生活保護を受けている家庭の生徒が万引きをした事例はありましたが、今回の万引き行為は虐待ゆえに金品が与えられない状況が背景にありました。当時は、PTA や後援会費の納入状況、修学旅行の積み立て状況など、滞納していた事実が事務室から学年に報告されていませんでした。

　S子の家庭状況に鑑みた時に、アルバイト許可も一つの方法といえますが、パチンコ代が足りない養父がS子の財布からお金を盗ることもあったと本人から聴き取りました。アルバイト代を母親や祖母が責任をもって管理してくれる環境も、居場所を担保する重要なことだと思いました。

また、養父の虐待と思われる行為が、主にＳ子という長女に向けられている状況にありましたので、２学期以降、学校は母親や児相とも連携を取り、家庭でのＳ子をいかに守るか注視することを確認しました。

　祖母、母親と二代にわたり夫から暴力を受けています。夫の言いなりになってきた歴史があります。子どもが４人いますが、扶養者は家族を養うに足る収入を得ていません。養父は当初は働いたお金を入れていたようでしたが、パチンコ好きが災いして不安定な収入になっています。

　そこで学校に来ているスクールソーシャルワーカーを紹介し、Ｓ子と母親の面談を設定し、市役所の関連課の窓口につなぎました。

　また、これはＳ子だけでなく、思春期の弟たちにとっても厳しい環境であることはいうまでもありません。二人もそれぞれの中学校、小学校で、落ち着いた生活を送れていないようです。この地域は過疎化がすすみ、子どもたちはそのまま公立中学や高校に進学します。そして、多くの子どもは施設に入所しないで、学校を含めた地元の地域で生きていきます。そこでの問題行動を未然に防ぐために、小学校・中学校・高等学校間で情報を交換していくことになりました。

　Ｓ子は卒業して、東京に就職しました。ボランティア部の同期生の話では、現在、結婚して子どもがいるそうです。

課題解決に導く基礎知識

1 虐待の増加と保護者支援対策

　厚生労働省「令和 3 年度児童相談所での児童虐待相談対応件数（速報値）」によると、2021（令和 3 ）年度では全国で207,659万件あり、過去最多となっています。調査が始まった1990（平成 2 ）年度が1,101件だったので、およそ189倍です。内容別件数では、心理的虐待が60.1%と多く、次いで身体的虐待が23.7%、ネグレクトが15.1%、性的虐待が1.1%になっています。相談増加の理由として、心理的虐待の増加と、家族親戚、近隣知人、児童本人等からの通告の増加が挙げられています。

　昔から「愛の鞭」として実際に親から子へ、または、「夫婦喧嘩は犬も食わない」と言われながらも夫（または妻からの）暴力・暴言が存在していました。それらは「しつけ」と称されたり、「愛情の裏返し」とも考えられ、日常的に行われるものだったので、体験したり、身近で見てきた人も少なくないと思います。

　そこで保護者支援のプログラムとして、(1)児童虐待発生予防に力点が置かれたプログラム、(2)虐待親への再発防止や対応を重視したプログラム、があり自治体での参加義付けと運用・実施体制の整備が急務とされています（中川、2023）。

　また、総務省（2010）の調査によれば、児童虐待の発生要因として、「保護者の養育能力不足」「家庭の経済的貧困」「複雑な家庭構造（継父母等のステップファミリー等）「保護者の精神疾患等」が挙げられています。ステップファミリーはそれぞれのパートナーの家族が新しい家族関係を協力して再構築していくという強みがある一方、親子関係における教育のありかたが問題化しやすいことも指摘されています（小榮住、2020）。

2 　保護者対応のために

　万引きの現場に来た保護者が謝罪するどころか、恐ろしい権幕でＳ子に乱暴する時点で、平素のＳ子に対する養育態度が見て取れます。

　「児童虐待防止法」の改正（2020年から施行）で、親権者等による体罰禁止が法制化されています。従って現在では、子どもに行った暴力はいかなる理由であれ、犯罪になることをＳ子の養父に理解してもらうために説明することができます。また、Ｓ子が「帰りたくない」と言っている時点で管理職に報告し、児童相談所に通報できたと思われます（図3参照）。

　教員の仕事はある意味職人的な要素があり、経験に基づいて判断することが多い一方、未体験のことや専門外のことに関してはわからないとして敬遠したり、神経質になったり、仕事に積極的に取り組めなかったりする場合があります。しかし、虐待に関しては、一刻を争う場合もあり、Ｓ子の養父のような保護者と向き合わなければならない場面も出てきます。ところが、担任や生徒指導部の担当にならない限り、トラブルを起こした生徒や保護者とのやりとりを見聞きする機会はありません。まずはその現場に一緒に立ち会うことから始まりますが、校務分掌が異なればそれもできにくいのが現状ではないでしょうか。

　そのような現状の中、文部科学省（2020）「学校現場における虐待防止に関する研修教材」の中にある虐待対応ロールプレイングのワークが有効です（https://www.mext.go.jp/a_menu/shotou/seitoshidou/__icsFiles/afieldfile/2020/01/28/20200128_mxt_kouhou02_01.pdf）。

　教員の個性や役割をお互いに理解してこそ、対応が可能となりますから、管理職は、通常時に、研修や学びの機会を通して、教員集団の一人として対応できるスキルを身に付けさせることが必要です。

3 生徒のロールモデル形成としての教師の役割

　『生徒指導提要』によれば、児童虐待の影響で、窃盗や激しい暴力、家出、いじめ加害の繰り返し、薬物依存、自傷行為や摂食障害、自殺企図に苦しみ、それらは思春期に憎悪し、改善が困難な場合も少なくないようです（7.4.1）。このような生徒には、身近な大人である教員集団が交互に家族の姿を話して、体験できなかった世界を教えてあげてください。

引用文献
・厚生労働省「令和3年度 児童相談所での児童虐待相談対応件数（速報値）」
　https://www.mhlw.go.jp/content/11900000/000987725.pdf
・総務省行政評価局（2010）「児童虐待の防止に関する意識等調査結果報告書」2010年、p.43
　https://www.soumu.go.jp/menu_news/s-news/38031.html
・中川千恵美（2023）「児童虐待を予防する保護者支援プログラム」『指導と評価』69巻1月号（818）、pp.31–34
・小榮住まゆ子（2020）「わが国におけるステップファミリーの現状と子ども家庭福祉の課題ーソーシャルワークの視点からー」『椙山女学園大学人間関係学研究』18号、pp.23–24
参考文献
・児童虐待問題研究会編著（2020）『すぐに役立つ！児童相談所のしごとQ＆A』ぎょうせい
・東京都教育相談センター（2022）「学校問題解決のための手引〜保護者との対話を生かすために〜」令和4年3月（改訂）
　https://e-sodan.metro.tokyo.lg.jp/works/support/pdf/tebiki_all.pdf
・文部科学省（2020）「学校・教育委員会等向け虐待対応の手引き」令和2年6月改訂版
　https://www.mext.go.jp/a_menu/shotou/seitoshidou/1416474.htm

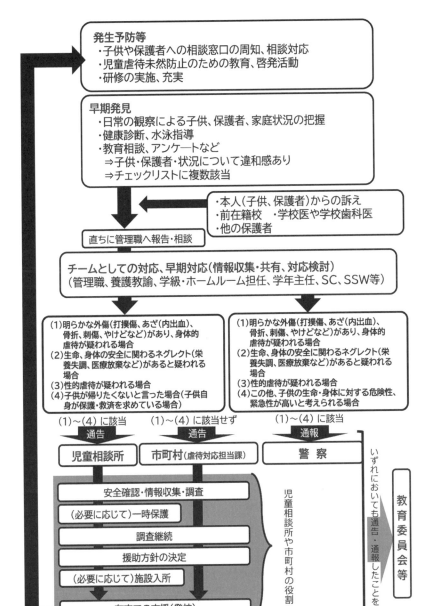

発生予防等
・子供や保護者への相談窓口の周知、相談対応
・児童虐待未然防止のための教育、啓発活動
・研修の実施、充実

早期発見
・日常の観察による子供、保護者、家庭状況の把握
・健康診断、水泳指導
・教育相談、アンケートなど
　⇒子供・保護者・状況について違和感あり
　⇒チェックリストに複数該当

・本人(子供、保護者)からの訴え
・前在籍校　・学校医や学校歯科医
・他の保護者

直ちに管理職へ報告・相談

チームとしての対応、早期対応(情報収集・共有、対応検討)
(管理職、養護教諭、学級・ホームルーム担任、学年主任、SC、SSW等)

(1)明らかな外傷(打撲傷、あざ(内出血)、骨折、刺傷、やけどなど)があり、身体的虐待が疑われる場合
(2)生命、身体の安全に関わるネグレクト(栄養失調、医療放棄など)があると疑われる場合
(3)性的虐待が疑われる場合
(4)子供が帰りたくないと言った場合(子供自身が保護・救済を求めている場合)

(1)明らかな外傷(打撲傷、あざ(内出血)、骨折、刺傷、やけどなど)があり、身体的虐待が疑われる場合
(2)生命、身体の安全に関わるネグレクト(栄養失調、医療放棄など)があると疑われる場合
(3)性的虐待が疑われる場合
(4)この他、子供の生命・身体に対する危険性、緊急性が高いと考えられる場合

(1)〜(4)に該当　　通告
(1)〜(4)に該当せず　　通告
(1)〜(4)に該当　　通報

児童相談所
市町村(虐待対応担当課)
警察

いずれにおいても通告・通報したことを連絡

教育委員会等

安全確認・情報収集・調査
(必要に応じて)一時保護
調査継続
援助方針の決定
(必要に応じて)施設入所
在宅での支援(登校)

児童相談所や市町村の役割

図3　学校における虐待対応の流れ(通告まで)『生徒指導提要』(7.5.2)

Chapter 3

ヤング
ケアラー

Case8

チーム学校で支える ヤングケアラー
（中学生）

・・・・・・・・・・・・・・・・・

〈事例〉

1　A子とSCとのつながり

　本校は閑静な住宅街の一角にある中学校で、市の研究指定校になっています。ここ数年、生徒も落ち着いており、部活動も盛んな学校です。

　中学2年生のA子は、1年生の時から演劇部に所属していました。

　ある日、A子がスクールカウンセラー（以下SC）との面談予約を取りに保健室にやってきました。養護教諭が、面談に先立ち、「簡単でいいから相談内容を聞いてもいいかな」と尋ねたところ、困ったような表情を浮かべたので、「言わなくて大丈夫。予約しておくね」と伝えました。

　当日のリマインドが必要か尋ねたところ、A子が「お願いします」と応えたので、面談当日、養護教諭が担任に本人宛のメモ（「SC面談があります」）を渡してもらうように手渡しました。すると担任は、「この子、たまに体調不良で休むんだよね。何かあるのかな」と心配していました。

　SCとの初回の面談は2時間以上に及ぶものでした。相談の内容は、演劇が好きで部活動を頑張りたい気持ちはあるのに、気持ちが沈んでやる気が起きなかったり、不安になる思考回路が止められなかったりする

ということでした。

　家族については、父親が以前ギャンブルで借金をしたので、今でも経済的に厳しいそうです。母親は精神科に通院歴があり、しばらくは落ちついていましたが、最近は「死ぬ」や「心中する」などの言葉をＡ子や小学生の妹に向かって言うことなどを淡々と話しました。

　家族の問題を抱えているＡ子自身は体調不良が続くので思春期外来を受診したのですが、そこではとりあってもらえなかったそうです。

　初回の面談以降、Ａ子はＳＣの予約を取りに来ませんでした。そこで、ＳＣがＡ子を呼び出す形で面談を再開し、ひと月に１回のペースで継続することとなりました。

2 進路実現に向けて

　2回目以後のSC面談では、母親の不調が続くと、包丁を持って料理をさせるのが心配だということで、A子が家事の一切をしていると話しました。また、「妹の勉強の面倒を見ているうちに、つい寝てしまうことがある」と言いました。このような状況について、A子は、「近県に住む父方のおばあちゃんに相談している」とも話しました。

　A子は、家庭の経済状況を気にかけ、公立高校を受験することを考えていました。A子は今のところ、なりたい仕事が見つかりませんでしたが、演劇部がある高校へ進学することを一番に望んでいました。しかし、A子は、家庭の経済状況が厳しいから通塾は難しいだろうと考えていました。

　また、どの高校を受けるかで良心の間で意見が分かれ、そのことでも「心中しかない」と発言する母親の言葉に混乱し、A子は家に帰るのがしんどいと感じるようになっていきました。

　ところが3年生になると、「自習室が毎日使えて、わからないところを個別に質問できる塾に通えることになった」と、安心した様子でSCに報告してきました。そこで勉強することは、A子にとって心静かに学べる貴重な場所になったようです。

　3年生の夏休みは、演劇部のA子にとって忙しいものでした。夏休み前から「夏休みが（勉強ができずに）つぶれる」とSCに話していましたが、クラスや部活動において堅実に仕事をこなしていました。

　夏休み明けに担任がA子と進路について面談をした際、演劇の授業が選択できる単位制高校に行きたいと言いました。模試でその高校を志望してみたところA判定が出ました。

　秋以降もA子は体調不良の時がありましたが、進学の目標ができたことで、SCとの面談の回数が減り、念願の高校に合格して卒業していきました。

指導の振り返り

① 教員が見守る中で SC が支援の柱に

　A子は演劇部に所属し、少ないながらも友人がいました。2年生の担任には、家庭や学習面について相談することがなかったそうです。

　ひと月に一度ほど体調不良で欠席をすることがありましたが、母親から学校に連絡が入っていたことや、登校している日は体調不良で保健室へ行くこともなかったため、大きな問題を抱えていることに教職員は気づきませんでした。

　SC はA子との初回の面談後、すぐ養護教諭に相談内容を報告しました。A子の両親が不仲だという家庭状況の中で、母親の体調が悪い時期はA子がヤングケアラーとして家事全般を担当していたからです。

　ところがA子は、担任だけでなく、養護教諭にも相談内容を伝えたがらず、SC との閉じられた関係を望んでいました。

　そこで、SC からの報告を受けた養護教諭は、SC と相談の上、初回の面談だけはですぐに管理職への報告はせず、A子と SC の継続面談を通して、A子本人の思いを確認することにしました。

　とはいえ、担任にはそれまでの概要を伝え、学校での様子を注意深く見守ってもらいました。また、A子が校内で最も生き生きする場が演劇部であったため、演劇部顧問にも情報を共有し、本人から話を聴くタイミングを見計らいました。

　A子は SC を信頼して話しています。教職員は SC から聞いた情報を全く知らないそぶりで接することを申し合わせました。

A子との2回目の面談でも、家庭の状況が改善していないことがわかりました。そこで養護教諭は管理職に報告をし、児童相談所または子ども家庭支援センターへの相談の是非について相談をしました。

　管理職は、A子がこれらの相談機関への通報を強く拒否していることや、A子の誕生日が間近にあることから、担任による家庭への連絡強化とSC面談の継続を指示しました。

　その後、管理職は定期的にSCや養護教諭からA子の様子について報告を受け、卒業まで児童相談所へ通報することはしませんでした。

　担任はこれまでの見守りに加えて、A子が体調不良で欠席した日や、年度末のタイミングで家庭に連絡を入れ、それを機に母親と話すようにしました。

❷　高校選択の支援

　A子が3年生になると、SCとの面談の内容が、進路を中心とする話に移ってきました。塾に通い出してから、それまで苦手科目だった英語の成績が一気に伸び、それがA子の心を軽くしたようです。

　当初、担任との面談では、入賞常連の演劇部がある私立高校を志望先として挙げていました。その高校は部活動が盛んな人気の進学校でしたので、担任には、A子が進路に前向きに向き合っているように見えました。

　しかし、A子は常に家庭の経済状況を気にかけていました。勉強に自信がついてきた一方で、何となく、できれば……という消極的な思いであることを、正直に話せなかったようです。

　養護教諭から話を聞いた担任は、このことを学年会で報告しました。すると、別クラスの担任から、公立の高校で演劇の選択科があり、有名な劇団女優が特別講師をしていることと、文化祭で舞台発表会をしている、という情報を得ました。A子の1学期までの内申点と模試の成績では、ギリギリ合格可能なラインです。

　担任は夏休み明けの面談で、A子に単位制高校の文化祭に行ってみる

よう勧めてみました。Ａ子は単位制高校の文化祭を見学して、この学校を第一志望に変更しました。学校の印象がよかったこともありますが、その学校と県境に住む祖母の家との距離が近いことも決め手になったようです。Ａ子の家庭の様子を心配する祖母が、週末には妹と一緒に泊まりに来ないかと話を進めていたのでした。

❸ 卒業後を見据えた進路・健康・心理面の支援

　秋の演劇部の発表会が一段落した後、担任と養護教諭は、進路指導と並行して、本人の健康面と心理面の支援を続けました。健康面については、SC面談の中で「何かあったら保健室を頼っていいよ」と何度か声かけをしてもらいました。

　そのうち、３年生の途中から、Ａ子は頭痛や腹痛のため保健室で休むようになりました。その時養護教諭が「受診はしている？」と尋ねると、曖昧な答えが返ってきました。「心療内科に行ったけど取り合ってもらえなかった」という（Ａ子がSCにだけ話し、教職員は知らないことになっている）エピソードを踏まえて訊いたのです。

　一度受診で嫌な思いをすると、医療から足が遠のくことが少なくありません。そこで、「あんまりだったかな」とＡ子に共感を伝えました。

　加えて、医療機関を選択する権利が私たちにはあることと、体調不良の主訴に対しては、内科や神経内科でも身体に異常がないか検査することがあると伝えました。

　家庭の状況やＡ子自身の体調は大きく良くはなりませんでしたが、塾で勉強し、公立高校に合格できたことは、Ａ子の自信になったと思います。

　進学先の高校へは、引き続き心理面の支援を依頼してもらうため、Ａ子の状況を申し送りました。

　また、卒業前にSCがＡ子を呼び出し、将来を見据えて、家族の無償相談ができる総合精神保健福祉センターの電話相談や、自治体の保健センターなど、複数の機関を紹介しました。

課題解決に導く基礎知識

1 認知されてこなかったヤングケアラーの実態

　ヤングケアラーとは「家族にケアを要する人がいる場合に、大人が担うようなケア責任を引き受け、家事や家族の世話、介護、感情面のサポートなどを行っている、18歳未満の子供のこと」とされています（一般社団法人日本ケアラー連盟）。ところが「ヤングケアラーの実態に関する調査研究報告書」（三菱UFJリサーチ＆コンサルティング、2018）によると、各自治体の要保護児童対策地域協議会のうち、ヤングケアラーの概念を認識できていたのは27％でした。しかもその実態を把握できていると回答したのは1/3程度でした。このことから、ヤングケアラーは長らく福祉の分野でも把握できなかったといえるでしょう。

　「ヤングケアラーの支援に向けた福祉・介護・医療・教育の連携プロジェクトチーム報告」（文部科学省・厚生労働省、2021）には、成人した元ケアラーの貴重な体験が集められています。その中には、子ども時代には精神疾患の大人や祖父母の介護にかかりきりで、同世代の友達と交流できず、心が不安定だった、とか、家庭では学習環境が整わないので、進学意欲が湧きにくく、自己実現までに回り道をしたことなどが述べられています。その一方で、他の児童生徒に知られないような場所で、先生に支援の言葉をかけてもらったことがうれしかった、と答えています。

2 チーム学校として機能する学校組織

　中・高の教員は、教科や専門が異なり、年代もキャリアも多様です。日々の校舎内での動線もそれぞれが違います。これらの教員集団が同僚性を構築していくには、それぞれの専門教科を越えた「共通の言語」「共通の話題」が必要です。それは教員が今関わっている生徒のことで

はないでしょうか。

『生徒指導提要』では、中教審答申（2015）を用いてチーム学校として機能する学校組織として次の4つの視点を挙げています（3.1.2）。

①教員と専門スタッフとの連携・協働体制
②校長のリーダーシップとマネジメント
③人材育成の充実や業務改善の取組
④教職員間における「同僚性」の形成

①では、SCが教職員と連携し、協働体制でA子を支えていました。

②については、管理職が生徒の家庭と環境について逐一報告を受けながら、学校でのリーダーシップを発揮しています。管理職が教職員たちの支援体制を信頼し、常に状況を判断していたことがわかります。

③の人材育成の充実に関しては、ヤングケアラーについて校内研修会等を通して、教職員全体の理解と教育力を高めることが大切です。業務改善の取組については、それぞれの教職員の役割や、現状でできることとできないことを、確認することが第一歩です。

④は、学年団でクラスを越えてA子に適う高校を提案したり、養護教諭が担任と職員室で会話をする際にも、A子を支援する意思を示したりしています。

学校組織の活性化は、組織を増やすということではなく、生徒への理解と関心をもって支援策を協議できる場として機能しているかがポイントです。

3　居場所があるという意味

自己肯定感が高くなかったり、成績が伸び悩んだりしている生徒にとって、担任に進路や家庭の相談をすることは、とても勇気の要ること

です。担任は身近な相談者ですが、同時に成績評価をつける教師であるからです。普通の家とは違うという恥ずかしさから、話す機会を逸し、そのまま学校に来られなくなることも考えられます。

　今回の事例の場合、養護教諭はＡ子のＳＣに相談したいという意思を尊重し、理由をあえて聞かずに悩みを打ち明ける場所を確保しています。その上で、Ａ子にリマインドの有無を聞いて、面談が担任に知られてもよいことを確認していました。つまり、養護教諭はＡ子との会話に精神的な負担を与えない工夫をして、スムーズにその方向へ導くよう努めていたのです。

　また、家庭内で居場所がなかったＡ子にとって、自習室を兼ね備えた塾は、心静かに落ち着くところだったのでしょう。加えて、演劇部で自分とは違うパーソナリティを演じ、発表する機会があったのも、表現を通して自分を解放することにつながったと考えられます。

　こうしてＡ子には、ＳＣとの面談、塾、部活動といったそれぞれの場面を通して、自分自身を取り戻すことができたのかもしれません。

　Ａ子は、面談をしてすぐに体調が良くなるというわけではなく、今後も家庭の状況次第で、しんどいと感じる場合もあると予想されます。そこでＳＣは、いつでも相談にのるよ、と約束する一方で、他にも相談できる医療施設をＡ子に紹介しています。未来を切り開いていくために、相談者や相談機関を自分の意思で決定することも、Ａ子には必要とされることだったからです。

　なお、この事例では、ケース会議で慎重に検討した結果、児童相談所への通報をせず、Ａ子をＳＣや教職員で支えていくことにしましたが、『生徒指導提要』では、外部からの支援が必要で、保護者の精神疾患が重い症状の場合は、要支援児童ということで福祉機関につなぎ、校内でのケース会議でアセスメントと支援計画を立案することが示されています（13.4.5）。

引用文献

・中央教育審議会答申（2015）「答申チームとしての学校のあり方と今後の改善方策について」

https://www.mext.go.jp/b_menu/shingi/chukyo/chukyo0/toushin/__icsFiles/afieldfile/2016/02/05/1365657_00.pdf

・三菱 UFJ リサーチ＆コンサルティング（2018）「ヤングケアラーの実態に関する調査研究報告書」

https://www.murc.jp/wp-content/uploads/2021/04/koukai_210412_7.pdf

・文部科学省・厚生労働省（2021）「ヤングケアラーの支援に向けた福祉・介護・医療・教育の連携プロジェクトチーム報告」

https://www.mhlw.go.jp/stf/shingi/young-carer-pt.html

引用資料

・一般社団法人日本ケアラー連盟

https://youngcarerpj.jimdofree.com/

参考文献

・担任学研究会（2021）「教育ニュース　ヤングケアラー支援の一歩」『月刊生徒指導 7 月号』第51巻(8)、学事出版、p.5

ヤングケアラーの未来を拓く
（高校生）

・・・・・・・・・・・・・・・・・・・

〈事例〉

1　荒れた高校で皆勤の生徒

　私の学校は県下で生徒指導が大変だということで有名な高校でした。担任のミッションは、卒業までに基礎的な学力と生活習慣を身につけさせることでした。担任は遅刻した生徒を呼び出して反省文を書かせ、保護者に連絡をしたり、補習で学力を向上させたりしていますが、思うような成果が得られていませんでした。

　Y子は3年の1年間担任をした生徒で、看護の仕事に就きたいという希望を持っていました。母子家庭で育ち、一つ下の妹が県立の商業高校に通っています。

　Y子は3年の2学期まで、ほぼ皆勤でした。一見地味で目立たない生徒ですが、日直日誌の欠席や遅刻者を記載する欄に「多すぎて数えきれません」と書いてあった時は、思わず苦笑してしまいました。

　成績も上位に入っていましたから、母親が面談に来られないということでも特に問題もないと考えていました。

　面談の時も、他の生徒の時とは違って、リラックスして対話できました。日誌に記載されていた「多すぎて数えきれません」に笑ってしまったことをY子に話すと、

　「私は中学の時に家庭の事情で欠席することがあって、数学がわからなくなってしまったんです。でも、この学校の先生方は、熱心に、てい

ねいに、基礎から勉強を教えてくれたので、おかげで今では大好きになりました。ここまでがんばって通ってきたから、卒業式には皆勤賞をもらいたいです」
と、言うのです。日ごろの担任や教科担当の先生の苦労を理解してくれる生徒がいるのはうれしいことでした。

2　家庭への介入を拒まれる

　看護学校の受験勉強は順調でしたが、面接練習がなかなか思うようにできず、何度も学年や進路部の先生方に交代で指導してもらいました。
　ですから、試験の合否は正直不安でしたが、なんとか県立の看護学校に一般試験で合格し、これで将来のめどがたったと安心した矢先、学校に納入するお金がない、と本人が言い出したのは、手続きを締め切る直

前でした。

　母親と会うために家庭訪問をしたいと思い、事前に電話連絡をしようとしたのですが、Ｙ子が難色を示しました。

　「うちの親、心の病気なんです。波があって、面談とかは今は無理です」

　この時、Ｙ子の母親が精神疾患を持っていることをはじめて知りました。

　私が看護学校に問い合わせたところ、生活保護家庭であれば島嶼部から入学する学生同様、入寮優遇制度があることと、入学金を支払えば、分割納付が可能だとわかりました。給付型の奨学金があれば、なんとか生活ができる見通しも立ちました。

　「先生、ありがとうございます。絶対に卒業して看護師になります」
と言うＹ子の言葉を聞いて、自分の仕事が報われた思いがしました。

3　消えた皆勤賞と将来

　卒業考査後、Ｙ子は無断で欠席しました。そのため、皆勤賞がなくなってしまいました。

　ようやくつながったＹ子への電話では、
　「進学をやめて働きます」
という固い意思表示を繰り返すばかりです。その時私は理不尽さへの怒りをこらえて、
　「事情を説明してもらうから、必ず学校に来なさい」
と、Ｙ子に念を押しました。

　指定した日にやってきたＹ子は、久しぶりに見てすぐに髪を染めているのがわかりました。学年団の女性教員と一緒に話を聞いたところ、3年間アルバイトをして貯めてきたお金を母親に使い込まれていて、学校に当座払うお金も無くなってしまったとのことでした。

指導の振り返り

① 一度も来なかった保護者会

　先にも述べたように、ほぼ毎日学年内で小さなトラブルが発生し、その聴き取りや遅刻指導などが多い学校でしたので、真面目な生徒については手が回らず、いつも心の中ですまないと思っていました。

　また、異動が毎年10数人規模なので、学年団も入れ替わりが激しく、旧担任との引継ぎも、課題を抱えている生徒情報に限られていました。毎学期の保護者会は、クラスの1／3程度しか来ないので、Ｙ子の母親が一度も参加していなかったという情報も、2年の担任から聞かされていませんでした。

　3年でＹ子の担任になってからは、Ｙ子自身の学校生活に何ら問題がなく、保護者宛ての回収物も期限に提出できていたので、特に家庭に電話連絡する必要がないと考えていました。

　母親の病気が精神疾患であることは、教職員の誰も知らず、入学金が払えないという時になってわかった次第です。

② 苦労した面接練習

　看護学校では本人の適性を見るために、面接試験が課せられます。ほとんどの生徒が、自分のケガや家族の入院などで看護師にお世話になった出来事を志望理由に挙げます。

　Ｙ子は当初から看護師を目指していたのに、志望理由が書けないで困っていました。模擬面接でもしっかりと話すことができず、何度も放

課後に練習しました。

　これは、今になればわかるのですが、母親の病気の説明を避けたかったから、うまく話せなかったのです。もちろん、Ｙ子は早く看護師になって自立したいという気持ちがある反面、家族として母の介護をしてきた思いもあり、生活保護を受けなければならない環境や、１つ下の妹のことも気にかけていて、さまざまな葛藤を抱えていたのかもしれません。

❸　教員集団のサポート

　看護学校に合格後、納入金が支払えないと聞き、そして家庭訪問を強く拒まれた私は、学年主任と管理職に相談し、看護学校に電話を入れて事情を説明しました。

　Ｙ子は、強く唇をかみしめながら、私と先方の学校とのやりとりを聞いていました。そして、寮の紹介と分割入金を認めてもらえることになり、私が電話を切ったとたん、Ｙ子は号泣しました。こうして、この難局を乗り切ることができたのです。

　ところが卒業考査後、Ｙ子が欠席し、さらに、働くと宣言しました。突然の心変わりに私は驚き、呼び出して事情を訊きました。

　「３年かけてコツコツためたバイト代、親が遊びに使っちゃったんです……」

　Ｙ子は放心状態で、消えたお金の理由については話そうとしませんでした。

　私は、ギャンブル依存、もしくは男に入れあげて貢いでいる、または誰かに騙されている、利用されているなど考えましたが、これについても想像の域を出ません。ただ、娘の将来を壊してまで貯金に手をだすのは、明らかに精神疾患が大きな原因だろうと想像しました。

　また、Ｙ子によると、中学生の頃から自治体の支援員からアドバイスを受けていて、アルバイト代の口座は自分名義のものを作っていたので

すが、結局は母親がすべて管理する形になっていたようです。生活保護家庭であるが故に、高校に納めた私費の積立金が5万円ほど返還されましたが、これは母親の口座に入金されました。感染症で修学旅行が中止になった返金も同じだったのでしょう。

　スクールソーシャルワーカーの来校日は来週で、3月はあと1回のみでした。この日になんとか取り次ごうとしましたが、Y子は「いいです」と断りました。

　そこで、進路部の就職担当のところに一緒に相談に行きました。新規高卒の就職は、一般求人と異なり、年度末までは学校が求人のあっせん業務をするのです。

　話を聞いた担当教員は、

「看護の学校は3月20日まで待ってくれるんだろ。市の社会福祉協議会の総合支援資金のことは知っているかい？　修学する本人が資金の借受人になる制度だよ。まだ時間はあるから、よく落ち着いて考えておいで。その後、改めて一緒に考えよう」

と、Y子に助言をしてくれました。

　しかし、Y子は一刻も早く仕事をしたいというそぶりでした。この長い期間のうちに、本人はいろいろなことを諦める癖がついてしまっていたのかもしれません。

　その後、何度かY子に連絡を取ってみたのですが、自宅も携帯電話もつながりませんでした。

④　卒業式に姿を見せた母親

　卒業式に久しぶりに登校したY子は硬い表情でした。私はY子に、

「一度、話をしよう。来週の月曜の10時に学校に来なさい」

とだけ言って、その日は大切な式典を滞りなく終えることに専念しました。

　卒業式の日、後で同僚から聞いた話では、ふらっと受付のところに母

親が現れたらしいのです。それも式の終了間際に。母親に気づいた先生は、一見ふつうだった、と証言しています。Ｙ子は壇上で成績優秀賞の賞状と副賞を校長から授与されましたが、それだけを見に来たのでしょうか。

　結局、翌週の10時にＹ子は来ませんでした。普段約束を守れない生徒ではないので、それが私に対する返事なのだと思いました。

　最後にＹ子とコンタクトが取れたのは、学年の女性教員でした。メールでのやり取りだけでしたが、お金の工面がついて寮に入ることができたので、進学しようとは思っているというメッセージだったそうです。

　「看護学校はアルバイトをする時間がないほど忙しいですから心配ですね」

　その先生はそう言って、Ｙ子と引き続き連絡を取ると約束してくれました。私にはこの後、次の新１年生の３次募集の問題作成と、担任準備が休む間もなく待っていました。なんとも後味が悪いのですが、その後のことはわかりません。

課題解決に導く基礎知識

1 保護者層における精神疾患の増加

　長年にわたる厳しい社会情勢や人間関係の難しさから、精神疾患で通院する人が急増しています。思春期外来の予約が取りにくいというように、中高生における精神疾患の発症も増加していますが、厚生労働省「精神疾患を有する外来患者数の推移（年齢階級別内訳）」によれば、平成29年の年齢階級別で一番多いのは後期高齢者（75歳以上）で約93.3万人です。次は、35歳から54歳で、合計122.1万人は全体の約31.4％にあたります（図4）。この層は中高生の保護者層と重なっており、注目すべきです。立場上、中間管理職として心労が重なったり、仕事の結果を求められて、心身の不調を覚える人が少なくないのです。

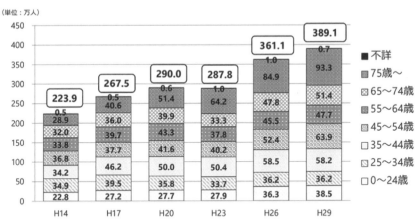

図4　厚生労働省「精神疾患を有する外来患者数の推移（年齢階級別内訳）」

出典：厚生労働省「第4回 地域で安心して暮らせる精神保健医療福祉体制の実現に向けた検討会　第7次医療計画の指標に係る現状について」令和4年2月3日 参考資料1「患者調査」より作成したものを筆者引用（H23年の調査では宮城県の一部と福島県を除いている）

また、家族関係においては、思春期の子どもの対応、介護問題や、そして夫婦のあり方についても変化がある時期です。

　さらに、女性である母親は更年期にさしかかる年代と言えます。来校時には溌剌とした印象でも、実は心身の不調を抱えていて、家ではずっと臥して電話にも出られないという話を、生徒との面談で知ることがあります。保護者の精神疾患が増加しているというのを、肌感覚で実感しているベテラン教師も多いと考えます。

　もちろん精神疾患は、投薬で安定した日常生活が送れるケースから、家族を巻き込んでトラブルになることまで多種多様です。しかし、本人に病気の自覚がなかったり、通院や入院を拒む状態が続いたりすると、ケアする家族が振り回されることになります。そのような状況では、適切で定期的な福祉的支援が必要となります。

2　目立たないヤングケアラーの発見

　ヤングケアラーの生徒で、衣服が乱れていたり、遅刻欠席が多かったり、提出物が出せないといった場合は、比較的気がつきやすいといえます。ところが中にはＹ子のように、優等生でいつも頑張っている、同年齢の生徒よりも大人と話が合う、周囲の人に気を遣う、などというケースもあるのです（有限責任監査法人トーマツ、2022）。

　Ｙ子は中学の時に区の福祉相談員から助言を受けて、銀行の口座を開設していたということですから、この家庭に対して継続的な福祉的支援があったと考えられます。

　ただし、Ｙ子は、この学校の教職員が生徒のために日々努力していることよく理解して、自分の家庭の問題や悩みを隠していました。このように優しい生徒は、担任の多忙な様子を見ていて、学校ではけなげにも「良い子」を演じているものです。

　従来は学校が知ることのなかった、または知らなくても済んでいたヤ

ングケアラーについては、学校で積極的に「見つけてつなぐ」ことが求められます。

学校の役割は、①概念を「知る」→②周囲の人が「見つける」→③関係機関に「つなぐ」→④自己実現に向けて「支える」です（東京都教育庁、2022）。つまり、生徒で気になる様子を把握したら、校内で情報共有し、スクールソーシャルワーカー（またはユースソーシャルワーカー）につなぎます。

なお、Ｙ子はスクールソーシャルワーカーとの面談を断りましたが、もしこの日に相談できていたら、状況が変わっていたかもしれません。残念ながら、専門職の来校日には限度があり、その場で適切な対応が取れないという課題が残されています。

3 家庭環境を把握する

ところでこの事例の場合、どこでＹ子の家庭環境を把握することが可能だったでしょうか。それは看護学校の受験のための面接練習の時ではないでしょうか。

Ｙ子はこの面接練習で、志望理由を書くことになりました。そして、礼法指導が加わった模擬面接では（個人情報保護のために真実を面接官に言わないにしても）、看護師になりたいという本人だけしか体験しえない理由と向き合うのです。Ｙ子の練習は何人もの教員が交代で担当したようですが、その都度Ｙ子は自分の家庭環境を隠し通したい気持ちと、誰かに吐露したい気持ちを併せ持って臨んでいたのかもしれません。だから練習が難航したのだと考えます。面接指導担当者とＹ子との対話が深まっていたら、Ｙ子の自己理解、自己開示が一歩進んだかもしれません。もちろん、これは上記の④自己実現に向けて「支える」にも相当します。

ヤングケアラーの発見が卒業間近だったので、学校は十分な把握がで

きないまま新年度に切り替わる時期になってしまいました。母親と妹が同居する今後の生活を考えると、教育委員会が調整役になって、基幹となる相談支援センターとつながり、妹の高校、市の福祉担当部署との他機関連携が必要です。卒業後は進路部が看護学校と定期的に連絡を取って、Y子の学びを支えることが求められます。

引用文献

・厚生労働省（2022）「精神疾患を有する外来患者数の推移（年齢階級別内訳）」令和4年2月3日第4回地域で安心して暮らせる精神保健医療福祉体制の実現に向けた検討参考資料1　第7次医療計画の指標に係る現状について」
https://www.mhlw.go.jp/content/12200000/000892236.pdf
・東京都教育庁（2022）「キーワード「見付けてつなぐ」ヤングケアラーを支援するために」教職員向けデジタルリーフレット
https://www.kyoiku.metro.tokyo.lg.jp/school/content/files/leaflet_youngcarer/digital_leaflet.pdf
・有限責任監査法人トーマツ（2022）「他機関・多職種連携によるヤングケアラー支援マニュアル　～ケアを担う子どもを地域で支えるために～」
https://www2.deloitte.com/jp/ja/pages/life-sciences-and-healthcare/articles/hc/hc-young-carer.html

参考文献

・小西悦子（2017）「保護者の日常を知る～教師は世間知らずと言われないために～」『月刊生徒指導10月号』　第47巻⑾、学事出版 pp.14-17
・東京都教育庁指導部・地域教育支援部（2022）「キーワード『見付けてつなぐ』ヤングケアラーを支援するために」教職員向けリーフレット
https://www.kyoiku.metro.tokyo.lg.jp/school/content/files/leaflet_youngcarer/leaflet.pdf

Case10

外国人のヤングケアラー
（高校生）
• • • • • • • • • • • • • • • • • • •

〈事例〉

1　「おかあさんといっしょにアルバイトしてますから」

　私は2年前に、外国につながる生徒（両親あるいはどちらかの親が外国生まれ）が多く在籍する総合高校に異動しました。教科は日本史で進路部の担当です。

　ある朝、職員室へ行く途中、2年生の教室で、黒板の桟を雑巾で拭いているE子を見かけました。アジア出身で来日して5年目になるE子は、毎朝始業30分前に登校し、自主的に教室を掃除しているのです。

　「掃除を楽しそうにしているなんて、素晴らしいなぁ」
と私が声をかけると、

　「あ、○○先生ですね。おっはようございます！わたし、きれいがすきですから。学校は勉強して立派になるところですから」
と、答えました。この高校のある地域は海沿いの観光地なので、土日を中心に、母親と一緒にホテルの客室清掃のアルバイトをしているとも言っていました。

　「毎週バイト代がもらえるので、がんばって働いています。働くの好きですから」

　E子を見て、明るくて気立てのよい生徒だな、と私は感心していました。

2 「うちにお金ありませんから」

　3学期のホームルームの時間、2学年と進路部との共催で、校内で進路別説明会を開催しました。大学や専門学校の教員などが来校し、分野別に進学先のガイダンスをする企画でした。

　その行事が終わった放課後に、私が当番で在室していた進路室へ、担任とE子が相談にやってきました。

　「わたし、観光のカレッジに行きたかったのです。でも、家にお金ありませんから。外国人はショーガクキン出ないと、さっきの先生、言っていました」

　E子の夢は、トリリンガルの語学力を生かして、祖国と日本の架け橋になる仕事をすることでした。しかし、進学には年間授業料が100万円以上もかかることや、外国籍の生徒はJASSOの奨学金貸与者対象外だと知って、とても残念そうでした。その後E子は、親戚の結婚式で親戚一族が集まるからとの理由で、1ヶ月以近く一家で帰国していました。

3 「いもうとたちがいますから、行けません」

　3年になって学校に戻ってきたＥ子は、国内で就職することにしました。3年生の7月、新規高卒者用の求人票が一斉公開されました。そこに、インバウンドを期待する大手ホテルの受付業務の募集を見つけました。条件には、外国語に堪能であることが記載してあります。Ｅ子は夏休み中、一般教養の勉強や敬語の練習に励みました。そして9月、採用試験を受験し、見事に内定通知をもらうことができたのです。

　「先生、お世話になりましたです。おかあさんもおとうさんも喜びます」

　そのお辞儀の作法は、面接のために何度も何度も練習した清楚な姿でした。私にはそれが、ホテルのフロントで来客に英語で挨拶する4月からのＥ子と重なって見えました。その後も無事に学校生活を送り、卒業できました。

　ところが、3月下旬、私の携帯にＥ子から突然電話がありました。

　「先生、わたし、今週、ホテルの研修があります。けれども毎日行けません。おかあさん、ホテルの掃除しないと仕事なくなります。小さいいもうとが家にいますから。毎日の電車、お金かかりますから。わたし、どうすればいいですか」

　Ｅ子の声は涙でよく聞き取れませんでした。

　「なんとかならないのかな。せっかく掴んだ正社員の仕事を逃すのかい」

　私ももう少し配慮した言葉で伝えられればよかったのですが、焦ってＥ子を追い詰めるような言い方になっていたかもしれません。

　「それから、4月1日、学校の制服でもいいですか。スーツありませんです」

　私はしまった、と思いました。ホテルの求人案内には受付の制服姿のイメージ写真がありましたが、辞令を交付される入社初日はスーツ着用のはずでした。私はその指導が至らなかったことに気づき、混乱してしまいました。

指導の振り返り

①　外国文化と日本の学校文化のはざま

　この学校には、外国につながる生徒で、入国5年以内の生徒を受け入れる特別枠の入試があります。E子もその試験を受けて入学しました。

　もちろん、外国にルーツのある生徒の中には、大使館勤務の高学歴の両親や、日本で事業経営に成功して、一族を日本に呼び寄せる「祖国の名士」の子もいます。けれども、E子のように、来日して低賃金で生活している家族の子も一定数在籍しています。それは見た目だけではにわかに判断できません。

　彼らは在籍するクラスとは別に、日本語力に応じた、「取り出し授業」と呼ばれる日本語の授業を受けることになっています。しかし、教科書に書かれた内容の理解や、漢字の習得状況は個人差がありますので、定期テストはすべてルビ付きで作成しています。

　休み時間になると、毎時間の日本語の聴き取りに疲れた生徒たちは、同郷同士が廊下に集まり、緊張をほぐすかのように大声で母語で話しています。E子は、日本語で自分の気持ちをうまく伝えられず、教員と対立して癇癪を起こしている友人の背中をさすっていました。

　全校集会の時におしゃべりをしていて、「うるさい、そこ、話をするな」と生徒指導部の先生に叱られましたが、後で聞けば、校長の話が理解できない仲間に通訳をしていたということです。それでも教員を恨んだりせず、いつもにこにこしています。

　大掃除のときは、掃除をする習慣のない文化圏の友だちにも声をかけ

て、机運びをしていました。

② 放課後は自国の文化を優先

　日本語の習得が厳しい生徒に対しては、県から特別に予算がついて、放課後に補習支援員が来てくれていました。担当者は、仕事の関係でE子の祖国に長年暮らしていたので、生徒たちの生活の実態をよく理解している方でした。それに、私たちには話せない家族の問題も相談に乗ってくれていたようです。

　ところが、せっかく学びの機会を提供しても、該当の生徒たちはさっさと下校し、参加者がゼロという日があり、さすがに、補習支援員と管理職とで対策を協議しました。その対象者にはE子も含まれていたはずだと思った私は、話に割って入って訊いてみました。

　「ああ、E子はアルバイトがあるからって最近参加してませんね」

　それを聞いて、私はさすがに腹立たしい思いがしました。

　「先生、仕方ないんですよ。E子の祖国では、家族では上のきょうだいが下のきょうだいの面倒を見るのは普通のことで、それが最優先される文化だから」
と補習支援員が言いました。

　さらに、就労目的で在留が認められる外国人の子ども（E子）は、アルバイトが週28時間までと制限されているのだそうです。

③ 外部支援による就職活動

　本校では、地域を担当するハローワークの新規学卒担当者（以下、ハローワーク担当）と連携し、就職活動のアドバイスを受けています。ハローワーク担当は、経験豊富な方で、一人ひとりの家庭状況や希望を尊重し、「これ」という仕事の求人票を生徒と一緒に探してくれます。E子の話をして、ホテルの求人票をいち早く紹介してくれたのもこの方です。

E子は2年生の冬に祖母に会いに行くため長期間帰国していました。こんなに休みが続くと、進級はもちろんのこと、出席状況をまず審査されることが多い就職で大きなハンデを負います。

　このような生徒の文化事情も補習支援員から聞いていたので、採用試験の際にも、きちんと説明ができるようにハローワーク担当に面接練習をしてもらいました。

④　入社式に向けた交渉

　3月の最終週、E子から「入社前研修に参加できません」と聞いた時、電話口からは、元気のよい小さい子どもの嬌声が聞こえました。目の離せない時期の妹たちを放置して、E子が出かけることは無理だと思いました。

　私はすぐにハローワーク担当に相談の連絡を入れました。担当の助言は、

　「正式な採用通知をもらっているので、この欠席で採用取り消しになることはないですが、本人だけでなく、あっせんした学校としても事情を説明しておく必要がありますね」

とのことでした。これは私の考えと同じでした。

　加えて、

　「入社前の研修では交通費や時給が支払われるはずです。でも、立替払いなら、支給日がいつなのか、求人票で確かめておいた方がよいでしょう」

と、教えてくれました。

　そこでE子のホテルの求人票を確認すると、来月の25日支払いとなっています。このことは、内定が取れた9月の時点で、すっかり見落としていました。初任給をもらうまで、E子の家庭の経済状況は楽観視できません。

　その日の午前中、ホテルの人事担当者に欠席のお詫びの電話と、E子

の家庭状況を伝え、交通費の一時払いを検討してもらえないか頼んでみました。人事担当者が、検討する、と応えてくれたので、少し安堵できました。

　そして問題は、入社式のスーツです。

　スーツを購入すれば、鞄や靴など一式を揃えなければならず、かなりの金額になるでしょう。いったんは同僚や妻の服を貸与することも考えましたが、入社式に学校の制服を着て参加してもよいか、会社側に打診してみました。すると、

　「フォーマルな制服を着て来て構いません」
との回答をもらうことができました。

　学校が大好きで、勉強も掃除もやり遂げて、社会人になろうとしているＥ子に、私はすぐ、折り返しの電話を入れました。

1 日本に来た子どもたちとヤングケアラーの文化

　図5は「日本語指導が必要な外国籍児童生徒数」です。平成20（2008）年の高等学校では1,365人でしたが、令和3（2021）年では4,295人と、約3倍になっています。同じ年の調査によれば、日本語指導が必要な日本国籍の高校生は560人、中学校は約2,400人、小学校は約5,300人在籍しています。これらの子どもたちは通常の学習活動だけでなく、日常の生活でも日本語がわからないために多くの困りごとを抱えていると考えられます。公立学校では特別の教育課程を設けて、指導にあたっているところも増えてきましたが、全国的に見て地域に偏りがあり、受

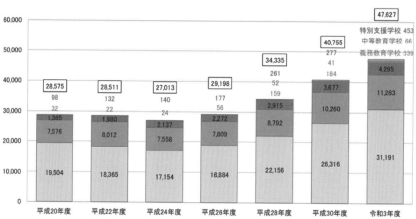

図5　日本語指導が必要な外国籍の児童生徒数

出典：文部科学省「日本語指導が必要な児童生徒の受入状況等に関する調査結果の概要（速報）」（2022年3月）
※本調査における「日本語指導が必要な児童生徒」とは、日本語で日常会話が十分にできない児童生徒、もしくは、日常会話ができても学年相当の学習言語が不足し、学習活動への参加に支障が生じている児童生徒を指す。また、「外国籍」の児童生徒とは、地方公共団体が所管する学校に在籍している外国籍を持つ児童生徒を指す。日本国籍との二重国籍者は「日本国籍」として扱う。

け入れ態勢はまだ十分とは言えません。

　ところで、ヤングケアラーの支援や研究は、イギリスをはじめとして
オーストラリア、ノルウェー、スウェーデンなどの北欧を中心に進んで
います。

　日本の「産めよ殖やせよ国のため」と標ぼうされた時代における、弟
妹の子守や過度な家事労働などは、過去の歴史と見なされてきました。
しかし、実際には閉じた家庭環境や文化の中で、家族の面倒を見なけれ
ばならない子どもの存在が社会的に認知されていなかったのです。同様
に、アジア諸国では文化的な背景があってヤングケアラーの問題は看過
されてきました。

　公立学校で受け入れている外国籍生徒は、中国、韓国、フィリピン、
ネパール、そしてブラジルと、多くはアジア圏からやって来ます。

2　在留カードの「入国資格」の確認

　外国につながる生徒が高校に在学していれば、就職担当者は、個人情
報に配慮した上で、在留カードの記載事項を確認し、家族構成、戸籍名、
家族の主な収入源、来日年数などを聞きます。その生徒の生活背景を理
解せずに、適した進路を探すことは不可能だからです。

　日本に3ヶ月以上住んでいる外国人は「在留カード」を所持していま
す。一般には知られていませんが、該当生徒が日本の小・中・高のどこ
を卒業しているかで、在留資格の取扱いも細かく分けられています。E
子の場合は、両親が外国人で、日本の中学に2年生から入ったので、
「家族滞在」という在留資格です。このカードを持っている場合、別途
許可を申請すれば週28時間までアルバイトが許可されますが、このまま
ではフルタイムの仕事には従事でません。また、親が帰国したら、一緒
に帰らなくてはなりません。

　日本の高校を卒業後し、就職が内定すれば、「家族滞在」の在留カー

ドから、正社員の仕事ができる「特定活動」という資格に変更ができます。ただし、公的書類を携えて申請しても3ヶ月近く審査を要します。

3 就職指導とキャリア教育のあり方

　前の調査（速報）によると2021年度で、日本語指導が必要な高校生等の就職者228人のうち、約4割が非正規就職でした。

　しかし、高校を卒業予定の生徒の場合は、必ず学校を通して就職活動を行うことが職業安定法で定められています（26条、27条）。採用選考に当たっては、長年の日本の慣習で一人一社応募が原則です。保護者にも就職活動をすることの同意書をとり、内定した企業を辞退することはできないことをしっかり確認しておかなければなりません。その文書が、ルビつきふりがなや、英語版、中国語版などで記載されていれば安心です。

　求人票や雇用契約書は、一般の生徒が読んでも理解が難しい内容です。担当者が一緒に読み、わからないところは、ハローワークの担当者や企業の人事担当者に遠慮なく訊いてみてください。

　また、雇用側には、選考に際して応募者の基本的人権を尊重し、適性・能力のみを基準として行うこととされ、広く門戸を開き、本人のもつ適性・能力以外のことを採用の条件にしないことが求められています。早いところでは9月下旬に内定がでます。その後も入社前までに研修などが設定されている企業がありますから、入社までの約半年間はしっかり残りの学校生活を送るようにさせます。

　小・中・高の「学習指導要領総則」には「特別活動がキャリア教育の要」と記載されています。外国につながる生徒たちがホームルーム活動等でキャリアパスポートを作成したり、進路を考えたりする時は、ヤングケアラーであったり、経済的に厳しい環境や、親の仕事の都合で帰国する可能性があったりするなど、不安定な要素を抱えています。関係す

る教師は、一人前の社会人となるために、学校生活で守らなければなら
ないことや、生活上の諸注意を丁寧に説明することが求められます。ま
た、その際には、生徒の家族がもつ文化的背景を理解し、専門家との連
携を通して指導していくことが必要です。

引用文献
・文部科学省（2023）「日本語指導が必要な児童生徒の受入状況等に関する調査結果につい
　て」令和5年1月
　https://www.mext.go.jp/content/20230113-mxt_kyokoku-000007294_2.pdf
参考文献
・厚生労働省 HP「公正な採用選考の基本」
　https://www.mhlw.go.jp/www2/topics/topics/saiyo/saiyo1.htm
・厚生労働省（2021）「留学生の国内就職支援及び外国につながる子どものキャリア支援等
　について」外国人雇用対策の在り方に関する検討会（第4回）会議資料1令和3年5月
　https://www.mhlw.go.jp/content/11601000/000779373.pdf
・小西悦子（2020）「外国籍生徒の就職指導とその方策」『教育創造研究』(1)、pp.21-30
・西川朋美（2022）『外国につながる子どもの日本語教育』くろしお出版
・東京出入国在留管理局在留支援部門「外国籍中学生・高校生の皆さんへ～将来就職して
　働くために～」
　https://www.moj.go.jp/isa/content/001364789.pdf
・額賀美紗子（2022）「外国につながる生徒の学習と進路状況に関する調査報告書―都立高
　校アンケート調査の分析結果―」
・松本真理子・野村あすか編著（2023）『外国にルーツをもつ子どもたちの学校生活とウエ
　ルビーイング』遠見書房
・文部科学省（2022）「日本語指導が必要な児童生徒の受入状況等に関する調査結果の概要
　（速報）」
　https://www.mext.go.jp/content/20220324-mxt_kyokoku-000021406_02.pdf

編集代表　　**梅澤秀監**（東京女子体育大学）

編著者　　　**小西悦子**（東京女子体育大学）

東京女子体育大学教授。私立高等学校、東京都立高等学校に通算36年間勤務し、生徒指導と特別活動の指導・研究の実績を持つ。日本教育実践研究所（理事長・長沼豊）事務局長、担任学研究会会長。著書『高校文化祭の教育論〜生徒の自主性・主体性を育てるために〜』（学事出版）、『高等学校生徒指導要録記入文例 令和4年度からの新学習指導要領に対応 3訂版』（学事出版）ほか多数。

事例提供者　**櫻井祥行**（富士市立高等学校）

こんなときどうする？生徒指導
インターネット・携帯電話・虐待・ヤングケアラー

2024年2月4日　初版第1刷発行

編著者——小西悦子

発行者——鈴木宣昭

発行所——学事出版株式会社

〒101-0051　東京都千代田区神田神保町1-2-5　和栗ハトヤビル3F
電話03-3518-9655
https://www.gakuji.co.jp

編集担当　株式会社大学図書出版
イラスト　海瀬祥子
装　　丁　株式会社弾デザイン事務所
印刷製本　精文堂印刷株式会社